「学び合い」の授業づくり入門

深い学びを実現する！

「学び合い」の算数授業 アクティブ・ラーニング

石田淳一・神田恵子 著

明治図書

はじめに

　これからの算数教育では，日々の授業で主体的・協働的な学びを実現する「アクティブ・ラーニング」を取り入れた算数授業づくりが求められています。本書は，学び合いのある算数授業の実践をアクティブ・ラーニングの観点から見直し，アクティブ・ラーニングによる授業づくりの入門書として刊行しました。

　本書は，授業づくりの入門書として，学び合いの授業を始めたばかりのクラスで実践された算数の授業事例をもとに，アクティブ・ラーニングによる授業改善の7つのポイントや主体的・協働的に学ぶ力を育てる授業づくりの10のコツを解説しました。その中でも本書で提案する「能動的問題把握」による問題提示の工夫は子どもの意欲を高め，思考を活性化するのに役立ちます。また，グループ学習，チーム学習，一斉学習といったさまざまな学習形態での対話的学びによる問題解決のプロセスを明らかにしました。チーム学習は，私たちが新しく提案する協働学習の形態で，グループ学習後に2つのグループで1つのチームを作り，2つの解法を比較検討して子どもどうしで練り上げる学習活動です。

　本書がこれからアクティブ・ラーニングによる学び合いの算数授業づくりを目指す全国の小学校の先生方の参考になれば幸いです。

　なお，本書で取り上げた授業実践の収集は，平成27年度科学研究費助成事業基盤研究（C）（課題番号25381171）「協同的な学びを軸とする算数授業モデルの構築に関する実証的研究」の補助を受けて行われました。本書の刊行にあたり，石川県小松市立第一小学校，苗代小学校をはじめ多くの小学校の協力をいただきました。明治図書の木山麻衣子氏には企画段階から大変お世話になりました。心より感謝申し上げます。

2016年9月

石田淳一

目次

はじめに 3　おわりに 134

Part1　深い学びを実現する！算数授業改善のポイント

1　アクティブ・ラーニングによる算数授業の改善 ── 7
❶アクティブ・ラーニングで授業を変える　7
❷アクティブ・ラーニングのモデル　9
❸21世紀社会に求められる汎用的能力　9

2　能動的な学びをする子どもの姿とは ── 12
❶比の利用の授業で扱った問題とその解法　12
❷問題1をみんなで把握する　13
❸グループで問題1を考え，みんなで話し合う　14
❹個人で問題2（発展問題）を解いて，まとめを考える　16

**3　アクティブ・ラーニングを実現する
　　3つの視点と授業改善のポイント** ── 18
❶視点1　問題提示の工夫　18
❷視点2　対話的学び　19
❸視点3　学びの共有・自覚化　20

4　学び合いが成功する！教師の4つの心得 ── 21
❶聴く（子どもの考え，つぶやきを活かす）　21
❷待つ（間をとって，進んで授業をつくらせる）　25
❸出る（必要な場面では教師が働きかける）　30
❹つくる（子どもの思考に寄り添って授業を進める）　36

Part2 3つの視点でできる！算数授業のアクティブ・ラーニング

1 能動的問題把握を促す問題提示 ── 44
- ❶問題文の一部を隠して，問題文を提示する 44
- ❷挿絵を提示し，問題文を読み聞かせる 46
- ❸挿絵，図，表，グラフを提示する 49
- ❹条件を与えずに，例を作らせる 50
- ❺子どもが問題を作るプロセスを経て問題を提示する 51

2 グループ学習やチーム学習で深める対話的学び ── 54
- ❶グループで見通しを相談し，よりよい考えを見つける 54
- ❷気づきを受け止め，グループの考えを高める 56
- ❸助け合い，教え合い，グループの考えを高める 58
- ❹チーム学習で解法を練り上げる 61
- ❺クラス全体の話し合いで考えをつなげ合う 66

3 学びを確かめる振り返りの工夫 ── 74
- ❶視点を与えて振り返らせる 74
- ❷算数シナリオで学び合う力を育てる 78

Part3 主体的・協働的な学びを育てる！算数授業づくり10のコツ

1 環境づくり ———————————————— 82
　❶学び合いの教室空間にする コツ1　82
　❷グループ学習の取り入れ方を考える コツ2　84
2 授業づくり ———————————————— 90
　❶間をとって,相談や算数トークが自然にできる指導をする コツ3　90
　❷子どもが自分たちで授業をつくるための学び合いの指導をする コツ4　91
　❸聴き方・話し方の指導をする コツ5　96
　❹学びの実感ができるような振り返る指導をする コツ6　98
　❺問題提示の工夫をする コツ7　99
　❻つなぐように促す,ゆさぶるなどの働きかけをする コツ8　99
　❼解法の取り上げ方の工夫をする コツ9　102
　❽話し合い場面で全員参加のもと,比べる活動をする コツ10　102

Part4 実践例ですぐわかる！アクティブ・ラーニングの授業づくり

1　3つの視点を取り入れたアクティブ・ラーニングの授業 —— 104
　　6年　仕事の速さ
2　主体的・協働的な学びを育てる話し合いの授業 ———— 116
　　2年　逆思考文章題

深い学びを実現する！算数授業改善のポイント

1 アクティブ・ラーニングによる算数授業の改善

　アクティブ・ラーニングを取り入れた算数授業では，深い学び，対話的学び，主体的学びの実現が目指され，教科内容の学習だけでなく学び方の学習も大事にされています。

❶アクティブ・ラーニングで授業を変える

　変化の激しい21世紀の社会では，一人一人の可能性を一層伸ばし，新しい時代を生きるうえで必要な資質・能力を確実に育むことを目指していくために，アクティブ・ラーニングへと授業の質的転換が求められています。これまでの知識の伝達・注入を中心とする授業から児童・生徒が主体的に多様な人々と協力して課題を発見し，解決していく主体的・協働的な授業に転換すべきであるとされています。算数の授業を見直す時に，子どもが意欲的に課題と向き合い，夢中になって思考し表現し，仲間とかかわりながら解決することを楽しみ，自分や仲間の学びの進展を実感するような姿が授業に見られるかどうかは大切な視点になると思います。

　さて，中央教育審議会教育課程企画特別部会では，平成27年８月に論点整理をまとめ，育成すべき資質・能力を３つの柱で整理しています。
・何を知っているか，何ができるか（個別の知識・技能）
・知っていること・できることをどう使うか（思考力・判断力・表現力等）
・どのように社会・世界と関わり，よりよい人生を送るか（学びに向かう力，人間性等）

　このような資質・能力を育むために，次の３つの視点が大切です。

・習得・活用・探究という学習プロセスの中で，問題発見・解決を念頭に置いた深い学びの過程が実現できているかどうか。
・他者との協働や外界との相互作用を通じて，自らの考えを広げ深める，対話的な学びの過程が実現できているかどうか。
・子供たちが見通しを持って粘り強く取り組み，自らの学習活動を振り返って次につなげる，主体的な学びの過程が実現できているかどうか。

　アクティブ・ラーニングによって授業を変えるときに，これらの３つの学びの姿を，①深い学びの過程，②対話的な学びの過程，③主体的な学びの過程が実現されているかどうかでとらえることができます（田村，2016）。

　子どもが課題を発見し，問題を他者とかかわりながら解決し，その学びの解決過程を振り返り，何ができるようになったのか，これからの学びに何が使えそうかを自覚することは，深い学びのプロセスの実現に必要です。自分事として学びを振り返ることは，新しい知識を既習知識に自ら関連付けることを含み，活用できる知識を習得することにつながります。また，子どもが他者との対話を通して学び合うスキルを身につけて，自分の考えを仲間に伝えたり，仲間の考えを聴いて考えたり，聴いて考えたことを仲間に返したりして，協働的に問題を解決したり，新しい知識を生み出したりする対話的な学びが求められています。

　アクティブ・ラーニングは，学力の３要素「知識・技能の習得」「思考力・判断力・表現力等の能力の育成」「学習意欲の養成」と密接にかかわっています。能力の育成には，他者との相互作用や自らの振り返りを取り入れて，学習活動のプロセスを充実することが必要です。これからの授業では，どのように学ぶのかという学び方も学習内容と同等以上に大切です（田村，2015）。

参考文献
田村学『授業を磨く』東洋館　2015年　pp.102-104
田村学「授業改善に向けたアクティブ・ラーニングの必要性」授業力＆学級経営力１月号　2016年　pp.4-6

❷アクティブ・ラーニングのモデル

　アクティブ・ラーニングを次のように捉えることができます。これは帝京大学の矢野英明氏のモデルを参考にして作りました。ここには前述した「深い学び」「対話的学び」「主体的学び」に，それぞれが対応し，これらの学びによって，学力を培い，教科固有の学力だけでなく，教科横断的な資質能力の形成を目指すことが示されています。

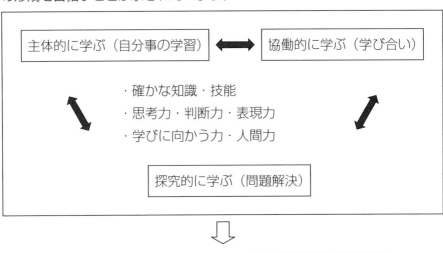

❸21世紀社会に求められる汎用的能力

　社会の変化が急速に進む未来社会において，生き抜く力を育てることは単に知識や技能を習得して済むものではありません。今日，世界的には21世紀型スキル（能力）と呼ばれる汎用的能力の育成が求められています。このス

参考文献
矢野英明　「小学校教育におけるアクティブ・ラーニングについて」第2回教育フォーラム in 相模原　講演資料　2015年

キルの中でも特に，次の4つは4Cと呼ばれている大切なスキルです。
- 創造力…考えの交流により，一人では得られない発想を得るスキル
- 批判的思考力…よく考えるスキル（含む　論理的思考力）
- コミュニケーション力…自他の関係をつくり，考えを交流するスキル
- 協働力（チームワーク）…みんなで考える，他者の考えを聴いて自分の考えを深めるスキル

汎用的能力の育成には，探究的に学ぶ問題解決などの学習を主体的・協働的に行うことが必要です。まさにアクティブ・ラーニングによる学びが役立ちます。

国立教育政策研究所も資質・能力の育成の観点から21世紀型能力（図1参照）について整理しています。21世紀型スキルと重なるところもあります。

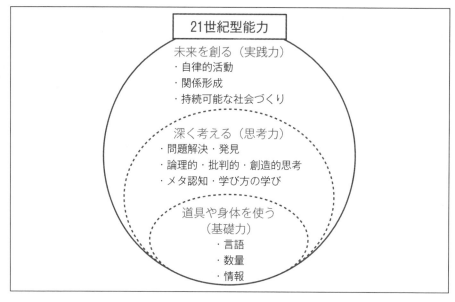

図1　21世紀型能力

これは「基礎力」「思考力」「実践力」の3つの層からなっているものです

が，統合的に捉えられるべきとされています。「基礎力」は，現実世界で出合う事象について道具を使って理解し，表現する力です。算数で言えば，与えられた問題を言葉，図，式などを用いて適切に表現できることです。「思考力」は，「問題解決・発見」「論理的・批判的・創造的思考」「メタ認知・学び方の学び」で構成されています。思考力は一人一人が自分の考えをもって他者と対話し，考えを比較吟味して統合し，よりよい答えや知識をつくりだす力，さらに次の問いを見つけ，学び続ける力です。算数でも，課題意識をもって，問題に主体的に取り組み，解決方法を見出していくプロセスの中で，さらに新たな問題を発見していくような学習が求められています。「実践力」は，学んだことを自分の人生や社会の現実の中で発揮するための力です。生活や社会，環境の中に問題を見出し，多様な他者と関係を築きながら答えを導き，自分の人生と社会を切り開いて，健やかで豊かな未来を創る力です（西野，2015）。

Column　完了型の対話と進行型の対話

　仲間との対話には，「完了型」の対話と「進行型」の対話があります。「完了型」の対話がみられる場面では，個人学習後に，解決できた子どもどうしが相互に解き方を見合い，考えを広げたり，解決できなかった子どもが解決できた子どもに解き方を教えてもらったりします。解法の吟味をグループ内でメンバーが自立して行う点で優れています。しかし，解決結果を報告し合うことが多く，わからなかった子どもが理解できるようになるのが難しいようです。「進行型」の対話は，算数トークをしながら，アイデアを交流して，解法を生み出すプロセスにメンバーが参画し，いっしょに解決します。対話しながら発言を聴く中で考えが形成され，共有されるのが特徴です。仲間との対話が自分や自分たちの考えを生み出すのに役立つことを子ども自身が理解しています。

参考文献
西野真由美「『21世紀型能力』の位置付けと内容」Rimse11号　2015年　pp.2-4

2 能動的な学びをする子どもの姿とは

　算数の授業をつくるにあたって，子どもの姿を描くことは大切です。主体的・協働的に学ぶ子どもの姿とはどんな姿でしょうか。比の利用の授業を例に，１年間，学び合いの授業を受けた６年生の姿を紹介します。

❶比の利用の授業で扱った問題とその解法

> 問題１　14mのリボンをりほと姉の２人で３：４の長さに分けるときにそれぞれ何mずつ分ければよいですか。

　前時にも比の利用の授業で比の一方の数量を求める問題を扱っています。
　本時の全体を決まった比に分ける問題の解法として，次の３つが子どもから出されました。

|方法１|

　線分図をかいて，全体の割合を７とみて，割合１にあたる長さ２mを出してから，２人の割合をかけて求める方法です。

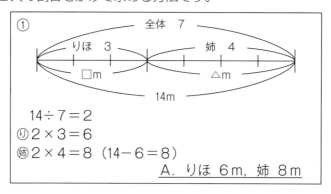

|方法２|

　等しい比の性質を使うもので，７：３＝14：□からりほのリボンの長さを求めるやり方です。２倍の関係から３×２＝６で□＝６を求めます。

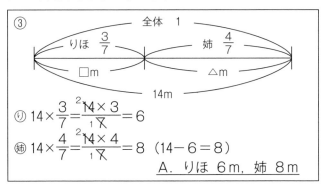

方法3

全体を1とみる方法です。りほと姉の割合がそれぞれ$\frac{3}{7}$と$\frac{4}{7}$だから，全体の長さ14mにこの割合をかけて求めます。

方法1や方法2は既習として学んでいますが，全体を割合1とみる見方は知りません。

❷問題1をみんなで把握する

問題が提示されると，子どもがしばらく近くの子と本時問題の特徴を話し合っています。そのうちに問題を線分図に表すために，C1が黒板に線分図をかきました。

この線分図を見て，C2が「りほの長さは□m，姉の長さもわからないから△m」と付け足しを言います。これで線分図の未知数が□と△で表現されました。さらに，C3が「この14mは全体です。この割合もたして全体を表すためにたします。全体は7になります。」と全体の割合7を付け足しました。この付け足しには「なるほど！」という声が出されました。

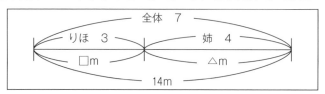

　3人の子どもがつなげて線分図が完成したところで，C4から「この線分図を使ったら見通しがもてると思う。」という発言が出されました。
　このように，問題を提示した後に，教師は何も言わなくても子ども自ら気づきを話し，つないで図表現をよりよくし，さらに見通しがもてそうだという確信をもつに至っています。この場面の主体的・協働的な姿は，自分たちで進める姿，つないでよりよい線分図に表現しようとする姿です。

❸グループで問題1を考え，みんなで話し合う

　4人グループで，ホワイトボードをかく子どもも考えていることを声に出して，メンバーの理解を確認しています。また，聴いている子どももうなずきながら聴いています。協働的に解決して，解法をまとめて，ホワイトボードを仕上げていました。

　黒板に全てのグループのホワイトボードが出されたところで，子どもから「話し合いのコの字になりましょう。」という呼びかけから話し合いが始まります。どんな教室空間にすれば学び合いがしやすいかを知っているからです。
　全グループとも前述した3つの方法のいずれかで解決できていました。一番多かったのが方法1です。方法2，3はそれぞれ1グループのみでした。

まず，一番多かった方法１の解法について，３班に説明させました。この説明をさらに「つなげてよりよくしましょう。」とつなぐことを促して，別の班の子どもに説明をさせ，さらにペアで確認の説明し合いをさせました。

　子どもが説明を繰り返したり，聴いたり，自分の言葉で説明したりすることで理解を深めることにつながります。ペアで互いに説明し合うことは，受け身ではできません。教師の働きかけは子どもの主体的・協働的な学びを促しているとも言えます。

　方法１の説明が済むと，教師が方法２と方法３の２班と４班の考えのどちらを先に取り上げたらいいかをクラスに問い，判断を求めました。子どもからは既習の方法を用いた２班を先にしたいという意見が出されて，２班に方法２の説明をさせました。２班のホワイトボードには，「７：３＝14：□で，14÷７＝２，２×３＝６　14－６＝８　りほ６ｍ　姉８ｍ」とありました。聴いている子どももこれでいいと思っていたようですが，教師から「そうなの？　直した方がよくないですか？」とゆさぶる問い返しによって，「本当だ」「意味わかった」「意味が逆だ」という声もあがりました。Ｃ５から「７×２で14を求めたから，３×２で６を求めた方がよい。」という修正意見が出されました。その後，Ｃ６が２班の説明を修正して行い，その続きを上手に話してくれました。

　教師にはできるだけ子どもたちの自己決定で話し合いをさせたいという願いがあるようにみえます。さらに，２班の説明にＣ６がつなげて，再度詳し

く説明している姿は，他班の解法を自分で仲間にわかりやすく説明したいという主体的・協働的な学びの姿です。これは２班の解法を自己に取り込んで自分のものにした子どもが仲間にもっと詳しく伝える責任をもって話しているようにみえます。うまくいかなくても仲間がそれを補ってくれて，結果的にクラス全員が前に進むという感じです。

　続いて，方法３です。この方法は新しい方法なので，教師はまず，「４班はどんな考えをしているかわかりますか？」と，４班のホワイトボードをクラス全体に提示して，読むことを指示しました。すぐに挙手して説明できる子どもが少ないことにＣ７が気づいて，「手を挙げている人が少ないので相談しましょう。」と相談の提案をしました。しばらくグループ相談が行われてから，４班のＣ８が「これは全体を$\frac{7}{7}$と考えて，１つ分は$\frac{1}{7}$なので，それが３個分で$\frac{3}{7}$，こちらは$\frac{1}{7}$が４個分だから$\frac{4}{7}$とかいて，□が全体×割合で求められるから，こっちは全体×$\frac{4}{7}$で，りほは６ｍ，姉は８ｍです。」と説明しました。つなげて繰り返すよう促すと，別の子が上手に説明しました。この場面は，自分たちが考えていなかった新しい方法をクラスの子どもが知り，理解する場面です。教師は４班の考えを読むことを促し，子どもは相談をしたうえで，４班や仲間の説明を聴いています。単に初めから４班の説明を聴いていないことに注目してください。

　３つの方法の説明が済むと，Ｃ９から「比べませんか。」という比較検討の提案がなされました。続いて「相談の時間をください。」と要求が出され，グループ相談の後に，方法１，２，３の特徴として，それぞれ「比の１つ分を求める」「何倍かを求める」「全体を１として割合を分数で表す」が出されました。

❹個人で問題２（発展問題）を解いて，まとめを考える

　発展問題として問題２「27ｍのリボンを３人で３：４：２に分けるときにそれぞれ何ｍずつ分ければよいですか。」が提示され，４分間の個人学習と

その発表が行われました。

3通りの解法が発表された後に、子どもから「自分たちのグループでまとめをしませんか。」とまとめの提案があり、グループ相談が始まりました。適宜行われるグループ相談は

まさに協働的に考えを交流させて、自分たちの考えを作り上げる活動です。以下は、4人の子どもが発表したまとめです。

・発展問題では、線分図や等しい比の性質を使ってできることがわかりました。
・全体の量しかわからない時、全体の1つの量を求めれば解ける。
・私たちの班では人数が2人、3人と増えると、一番やりやすいのは割合を使った式なので、全体を1とみるのがよいです。
・まとめると、比を利用した問題は線分図や等しい比の性質、割合を使ったりするけれど、中でもたぶん割合を使った方法が簡単です。

子ども自ら、比較検討を提案したり、まとめを作ることを提案したりする姿だけでなく、発展問題を解いてから本時の問題を振り返りながら、全体を1とみる見方のよさに気づく姿が見られました。子ども自ら既習の方法と比べて、本時に学んだ方法のよさを考えたところは主体的に自らの学びを自覚している姿です。

この授業には、「授業を自分たちで進める」姿、「問題と向かい、主体的に他者とかかわる」姿、「集団の考えを高める」姿が見られたのではないでしょうか。

3 アクティブ・ラーニングを実現する３つの視点と授業改善のポイント

　アクティブ・ラーニングを取り入れた算数授業に改善するための「深い学び」「対話的学び」「主体的学び」に対応させた３つの視点と７つのポイントを説明します。

　アクティブ・ラーニングによる授業改善の３つの視点に，「児童生徒の学習意欲を高める課題の工夫」「考えを広げ深める児童生徒主体の学び合い」「学びを自覚し，次につなげる振り返る活動の充実」（小松教育事務所，2016）があります。本書では，これらを「問題提示の工夫」「対話的学び」「学びの共有・自覚化」として考えることにします。

❶視点１　問題提示の工夫

　問題提示の工夫は，意欲を喚起し，問いを作り，課題を明確にして，思考を深めることにつながります。次のような問題提示の工夫があります。
1. 限定　問いを隠す，一部を隠す，数値を与えない（情報を見せない）
2. 読解　絵，図，式
3. スモールステップ　一文ずつ，段階的に
4. フラッシュ　パッと見せる
5. 読み聞かせ　話，イメージ化，集中
6. 情報不足，過多　条件文から問いを作る
7. 多様性を生む形や数　見通しを既習をもとに作る
8. 間違いを提示　大切なことに焦点化
9. 生活場面を想定　イメージ化
10. 実物から仲間わけ　具体化

> ポイント１　能動的問題把握のための問題提示を工夫する

子どもが主体的・協働的に問題場面とかかわって,問題把握できる工夫をします。

❷視点2　対話的学び

1時間の授業の中で,仲間と対話しながら思考し表現する場面はたくさんあります。これは,授業の導入から終わりまでどこでも起こりえます。例えば,見通しの相談,グループ解決,話し合い場面の比較検討のグループ相談などです。グループ解決では,質の高いグループ学習を目指します。与えられた問題の解決をして解答を作るだけでなく,広げたり,深めたりできるようにしたいです。グループ学習時に,「新たな発見をまとめる」「解決過程の疑問を他のグループに提起できる」「他のグループの考えを受け入れたり,よさを考えたり,自分たちのよさを伝えたりできる」を指導しておくとよいです。

> **ポイント2**　問題解決の見通しをもたせる

結果や方法の見通しをもって取り組めるように,見通しについて相談したり,話し合ったりして,クラス全体で共有する活動を取り入れます。

> **ポイント3**　子ども主体の話し合いを促進する働きかけをする

自律的学習力を育むために,普段の授業の中で教師が,聴き方・話し方・学び合いの仕方の指導を行います。

> **ポイント4**　グループ学習を取り入れる

協働力を育むためのグループ学習を効果的に取り入れます。

> **ポイント5**　問題解決後の自発的確かめ合いを指導する

問題を解く途中や解いた後において,子どもが主体的に自らの判断で質問

したり，疑問をクラス全体に提起したり，仲間と確かめ合ったりするよう指導します。

❸視点3　学びの共有・自覚化

　子ども一人一人が課題意識をもって，協働的に対話しながら深い学びのプロセスで学習したら，みんなで考えたことを自分や仲間の学びの成長として実感しそれを自覚できること，振り返りを共有できることが大切です。

　例えば，グループで考えたことはリレー発表できること，まとめを相談しながら作ること，自分や仲間の学びの成長への寄与を考えることなどがあります。次の学習への推進力を得るために，振り返りは大切です。

ポイント6　子どもが自らまとめを作ることを指導する

　子どもが1時間の学習を振り返り，まとめを作ります。教師がまとめなくても作ることができるとよいです。

ポイント7　主体的な学びのための振り返りを指導する

　自分事として本時の学びをできるような振り返りの仕方を工夫するよう指導します。

4人で話し合いながら解決する

参考文献
小松教育事務所「授業改善資料⑪　授業改善3つの強化のポイント2016」2016年

4 学び合いが成功する！教師の４つの心得

　学び合いの授業づくりのために，子どもの考えを活かす声かけのために「聴く」，子どもの主体的な学びを促すために「待つ」，学びを方向づけるために「出る」，授業を子どもに寄り添って「つくる」の４つの心得を説明します。

❶聴く（子どもの考え，つぶやきを活かす）

　１年の「ちがいはいくつ」の授業です。４月からの聴き方・話し方の指導を行っているクラスの導入場面を見てみましょう。挿絵を見ながら，どちらが多いかについての表現を豊かにする伝え合いが行われています。

①挿絵を見て，気づきを伝え合う

挿絵1

　挿絵１を見せて，気づいたことはないかと問うと，Ｃ１が「島に蛙が５匹います。ボートに３匹蛙がいます。ここまでしか言えないので誰か助けてください。」と話しました。Ｃ２はＣ１につなげて，「島に蛙が５匹います。ボートで黄色い蛙が３匹来ました。それから島の５匹の蛙と黄色の蛙が混ざると８匹になります。」と話しました。
　Ｃ２は，挿絵から増加場面を読み取って，お話を作っています。Ｃ１は５匹と３匹の存在を話すだけでしたので，Ｃ２が付け加えて詳しくなりました。この時，Ｃ２はどんな聴き方をしたのでしょうか？　Ｃ１の話が「正しいかな？」「よりよくできないかな？」と考えて聴いていたかもしれません。

②子どもの気づきをもとに式を問う

　ここで教師が「今，Ｃ２さんが言ったのは何算で求められる？」と問い返し，５＋３＝８　８匹を板書しました。この問いは本時の問題ではありませんが，子どもが挿絵を見て気づいたことを式に表現したことになります。

③ねらいにせまる挿絵を見せて気づきを伝え合わせる

　挿絵１に続いて，挿絵２が提示されると子どもの気づきの伝え合いが始まりました。
　Ｃ３は「前までは一列だったけど，今日はちょっとだけ２列になっています。」と言うと，Ｃ４は「Ｃ３さんと同じで，前は一列だったけど，今日はボードの蛙がここの５匹の，緑の蛙が５匹いて，右にいくけど，今日は前に黄色の蛙が出て緑の蛙と握手しています。」とつなぎました。この握手は１対１の対応関係を象徴している大切なしぐさで，本時の求差の学習の本質的なアイデアです。
　Ｃ３は，既習の増加や合併の時に一列に並べたことと関連付けてちがいを話し，Ｃ４は，黄色の蛙が緑の蛙の前に出て握手する場面であることを話しています。Ｃ４はＣ３の話を詳しくできないかと考えながら聴いています。さらにＣ４の発言に続いて，「色が違う。」「色が違うけど握手している。」「きっと友達なんだ。」といったような声が交わされます。この声には挿絵１と２を比べて気づいたことが素直に表現されています。

④教師の問いで,子どもがつなげて高める

T	緑の蛙,黄色の蛙,どちらが多い？
C5	緑の蛙の方が多いです。
T	なんでわかるの？
C6	緑の蛙の方が大きくて,いっぱい並んでいるからです。
C	わかりました。他にもあります。
C7	黄色の蛙が3匹しかいなくて,緑の蛙が5匹いっぱいいるから,見やすいんだと思います。
C	あーん。
C	他にどうやって見つけたかを言います。
T	どこを見たらわかるんでしょう？
C8	この緑の蛙が2匹多いからわかったんです。
C	わかりました。他にもあります。
T	握手しているとか,言葉使えるといいよ。
C9	黄色の蛙よりでかい緑の蛙が3人いる（黄色の）蛙と握手しています。そして2人の（緑の）蛙が余ったからです。
C	あーん。
C4	緑の蛙は最初にこの島に来て,黄色の蛙は緑の蛙とはじめて会ったから握手していると思います。
C	わかりました。
T	5とか3とか数字使って話ができるかな。
C10	最初,緑の蛙が島に5匹いて,黄色の蛙が3匹来て握手して,その時に（緑の蛙が）2匹余ったからだから緑の蛙の方が多いとわかります。
C	わかりやすかったです。

教師の発問「緑の蛙，黄色の蛙，どちらが多い？」によって，Ｃ５が「緑の蛙の方が多いです。」と答えました。これは予想どおりの答えです。「なんでわかるの？」と理由を説明するように教師が問い返します。するとＣ６が緑の蛙が「いっぱい並んでいるから」と素朴な理由を話します。このＣ６の理由を聴いた子どもは「他にもあります。」と反応して，Ｃ７が具体的な数３匹と５匹をあげて，「５匹の方が３匹よりいっぱいいるから」と付け加えをしています。ここでＣ７もＣ６の話をよりよくできないかなと考えながら聴いていることが推測できます。

　さらにこのクラスの子どもはＣ７の説明以外にも理由を考えて，付け足そうとしているので，「どこを見たらわかるんでしょう？」と教師からちがいに注目させる言葉かけがありました。これによって，Ｃ８は「緑の蛙が２匹多い」と差に目をつけて多い理由を話しました。

　まだその他の理由を言いたい子どもがいるので，さらに教師から握手しているという言葉を使って説明するように指示が与えられました。すると，Ｃ９が「黄色の蛙よりでかい（多い）緑の蛙が３人いる（黄色の）蛙と握手しています。そして２人の（緑の）蛙が余ったからです。」（注：（　）は補足）とつなげました。

　子どもが発言をつなげることで表現がどんどんよくなっていきます。特にＣ９のつなぎ方のよさは，Ｃ７とＣ８の発言をつなげて，よりよくしているところです。表現が改善できるのは，そこまでの伝え合いを聴いて，複数の子どもの発言を関連付けられないか考えながら聴いているからです。このような関連付けて考える聴き方は難しいですが，１年生でもできることがわかります。さらに，Ｃ４が状況説明をしてつなげましたが，なぜ多いかの理由

にはなっていません。そこで,教師がC9のように「数字」を使って話ができないかと問うと,C10が上手にC9の発言を自分の言葉で,わかりやすく説明しました。このC10の説明には,5と3と2が含まれています。また2は余った2であることも話しています。これを聴いた子どもからも「わかりました。」ではなく,「わかりやすかったです。」と評価を込めた反応が返されました。

　子どもの発言をつないで高めるには,子どもの発言をよりよくつながせる教師の言葉かけが大切です。

❷待つ（間をとって,進んで授業をつくらせる）

　授業でついつい教師は教えたいことを子どもに矢継ぎ早に話してしまいがちです。しかし,間をとって待つことは大切です。どんな時に待てばよいのでしょうか。2年の「3の段の九九」の授業の導入場面を取り上げて,教師の待つことの意味を考えます。

①挿絵を見て,気づきを伝え合う

＊気づきを考えるのを待つ

　教師が黒板に1枚の挿絵を貼ると数人の子どもが「気づきを言います。」と元気よく,挙手しました。ここで教師はクラス全体の様子を見渡しながら,しばらくの間,待って,挙手し始めた子どもたちに「勇気出した子,えらい。」とほめて,待ってからC1を指名しました。以下はそのやり取りです。

> C1　コーヒーカップに人が3人います。
> 　C　付け足します。
> 　T　えらいよ。反応できたね。
> C2　コーヒーカップに1, 2, 3, 3人乗っています。そのコーヒーカップが1, 2, 3, 4個あります。
> 　C　違う言い方もあります。
> C3　コーヒーカップに子どもが, 1, 2, 3, 3人ずつ乗っています。

　教師が挿絵を出してすぐに気づきを発言できる子ばかりではありません。数秒待つだけで、手を挙げる子どもの数は増えていきます。もちろん何を言っても認め合えるクラスであることが前提です。

　子どもが聴いて考えてつなぐことを指導されたクラスでは、前の子どもの発言と関連付けて、つないで詳しくする発言の連鎖が見られます。C2はC1の発言を繰り返しつつ、さらにコーヒーカップの個数を話し、C3はC1、C2のコーヒーカップ1台に乗っている人数を3人ではなく、3人ずつと表現し直しています。子どもが友達の発言を吟味しながら聴けるからです。

②問いを考えるよう促し、待つ

　算数の問題をそのまま提示せずに、問いを隠して、子どもに考える活動を仕組むことは自分たちが取り組んでみたい問題を意識させるのに役立ちます。この授業では挿絵だけが与えられたので、問いを子どもが作る余地が残されています。

　教師は子どもの言葉を繰り返しながら「コーヒーカップ1台に3人ずつ乗っています。C2さんがつなげてくれました。そのコーヒーカップが4つあります。」数秒待ってから「何ができるかな？」と問いかけました。この教師の発言のいいところは、C1やC3の発言を繰り返して「1台に3人ずつ

乗っています。」と言った後に，C2がC1に台数をつなげたことを取り上げて「C2さんがつなげてくれました。そのコーヒーカップが4つあります。」を話したうえで，待って「何ができるかな？」と問いかけていることです。つまり，子どものつないだ発言を教師が取り込んで問いかけていますが，この発言はつなぎ方の指導にもなっています。

＊問いを考えるのを待つ

　この教師の発言の後に，数秒，間をとって待っています。この待つは，全ての子どもが「問い」を考えるためです。全員が問いを考えることができるようにしたいという願いをもって授業を進める教師の姿がここに見られます。

　その後，子どもから「かけ算」「3×4」という声が聞こえてから，教師は「かけ算で，みんなで何人いるか出してみましょう。」と問いかけます。

＊次に何をすべきに気づくのを待つ

　問いを与えた後でも待ちました。すると，子どもから「図をかきます。」が出て，C4が黒板の前で，「1つのカップに3人」を繰り返しながら③③③③をかいて，問題場面を図に表しました。かけ算の学習で問題を「図に表す，言葉に表す，式に表す」の手順で表現することを学習してきたので教師が指示しなくても，子どもに授業を進めることを任せることができます。

③図の説明を促し，待つ

　C4が図をかいた後に，数人の子どもから「説明を言います。」と声が出ましたが，ここで図の説明を全員に促すために「なぜこんな図をかいたのか説明しないと」とC4につないで説明するように促しました。この発言に続いて，「今までやっていることだよ。全員手を挙げて欲しいな。」という教師の願いは何だったのでしょうか。

＊自発的相談を待つ

　全員が説明できるようにするために，相談を促していたのです。ここでも待っています。すると，相談があちらこちらで始まり，多くの子どもが挙手し始めます。自信がないだけなのです。互いにこう説明すればいいんだとわかれば，顔の表情が見事に変わってきます。相談をさせても授業時間に影響はほとんどありません。相談は子どもを元気にする有力な手立てなのです。

　すると，Ｃ５が，前に出て，さし棒を使って，コーヒーカップが４台あって，１台に３人乗っているから③が４個あることを説明しました。

　これを受けて教師が「４台あるから４つ分だね。」と「○この○こ分」という表現を促す言い方でＣ５の説明を簡単に繰り返しました。

自発的に近くの子どもと相談する

④子どもが仲間の発言を聴いて助ける

　Ｃ５の説明につなげて言葉の説明をしようとしたＣ６は「説明は，３個の…」と言いかけると，近くの子がやさしく「３人だよ。」と助言してくれて言い直し「３人の４つ分だと思う。」と発言できました。子どもの発言を他の子どもが聴いて助言しています。このように子どもどうしが自然に助け合うことができるクラスをつくることは子どもが自ら授業をつくるうえでも大切なことです。

⑤式を確かめ合うのを待つ

　C6の説明に続けて，かけられる数3の意味を確認した後に，「図できました。」と言って数秒待ちました。

＊次に何をすべきか気づくのを待つ
　すると，子どもから「式を言います。」が出ました。図の後には式表現するという学習の順序を理解しているからです。そこで「式を言います」という子どもを教師がすぐにあてずに，また数秒，間をとって待ったのです。

＊確かめ合うのを待つ
　これは，式を言える子が全員ではないことを挙手の状況から判断し，「自信をもって。お隣さんに聞けばいいよ。」と応援する言葉や相談していいという言葉を子どもに投げかけています。このような教師の働きかけで，相談があちらこちらで始まり，全員挙手したところで，教師は「みんな手が挙がっているよ。周り見て。やったじゃん。みんなで。」と式3×4を言わせました。

　ここで紹介した授業は3の段の九九の構成の授業の導入6分間です。この後，3×1から3×5までの九九を作り，きまりを見つけて，そのきまりを使って残りの3×6から3×9までの九九を作る授業が展開されました。一人残らずおいてきぼりを作らないで，全員参加する授業を目指すうえで，この導入場面は，参考になることが多く含まれています。教師の待つ姿は子どもを動かす働きをしているようです。まず，待ってみることです。もし子どもが動かなければ，「次に何をすべきか」を伝えて，次の授業からできるようになるとよいことを教えてあげればいいのです。

❸出る（必要な場面では教師が働きかける）

　3年の「植木算」の授業です。子どもが気づきを伝え合いながら，数量関係を見出し，なぜを問い，気づきをもとにその理由を説明しながら，高め合う話し合いが行われます。しかし，子どもが本質に気づくために教師の出が必要です。

①本質が見えるように2つの場面を同時に提示する

・木が4m間隔で6本，直線の道に植えてあります。端から端までの長さは何mですか。
・木が4m間隔で6本，円の形の池の周りに植えてあります。池の周りの長さは何mですか。

　この2つの問題は植木算です。普通，それぞれ別々に出されますが，この授業では同時に2つの場面の絵を見せました。

　まず，直線の場合に端から端までの長さを求める式を考えさせて，4×5＝20　20mを出しました。続いて，円の場合の式4×6＝24　24mを出しました。この2つの式と答えが出たところから子どもたちのやり取りです。

　C1が「同じ木は6本でも，形が違えば長さも違う。」と話しました。教

師はC1の言葉を繰り返すことで、C1の発言をクラス全員に受け止められるようにすると、「ちょっと似ています。」とつなげようとするつぶやきが聞こえてきます。教師が「形につなげられませんか？」とつなぎ方を

直線と円の形のちがいを話す

方向づけると、C2が「形が違っても、最初にやった方は横に並んでいて、次にやったのは円、丸になっていて、ここからここまで端から端ですと先生が言いました。こっち（直線）だと、ここからここまでです。つながっていないから式が違うんだと思う。」と考えを話しました。

　C2は形に注目して直線と円が、つながっていないか、つながっているかのちがいだと言いたいのです。この言葉はとても大事になるので、教師も「こっち（直線）、何って言ってた？」と問い返して、子どもがしっかりこの言葉を聴いているか確かめました。子どもが「つながっていない。」と答えてから、教師がC2の考えを整理し、直線はつながっていないから式が違うと繰り返しました。

＊子どもの言葉に注目させる教師の働きかけ

　この2人のやり取りだけみても、「形が違うから答えが違う」というC1から「形がつながっているかいないかのちがいがあるから、式が違う」というC2に詳しくつながっています。このようなつながりを生み出した「形につなげられませんか？」という教師の言葉かけが重要です。さらに、C2の「つながっていない」をクラス全体に広げる教師の「何って言ってた？」という問い返しも、聴き方指導として大切です。

*友達の考えを聴いて，付け足したり，問い返したり，詳しい説明をしたり，新しいことに気づいたりしながら深め合う

　さらに，C3が，C2に付け足して，「木と木の間の数が違う。」を言います。C4は式のちがいが間の数のちがいであることを再認識しています。C3に続いて，C4が「円じゃなければ，木と木の間が違うということですか？」と要素「間の数」に注目し始めています。C4がC3に直線と円では間の数が違うということかと確認を求めると，C3は前で円を指しながら，「間は4ｍだから，1，2，3，…，6，これは6個ある。直線の場合は間が5個になる。」と具体的に説明しています。仲間の質問に対して，自分の考えをわかりやすく伝え直す発言です。

　今度は，C5が，円の場合は木の数と間の数が同じだけど，直線だと間が木よりも1減ることを指摘しました。このC5の発言は数量関係に着目しているために，教師も「もう一度誰か言って欲しい。」と子どもにもどしてつないで言い換えることを促しています。

*他の子どもに繰り返して説明させる

　C6が「円だったら木と間が同じ数だけど，直線だったら<u>木より間の方が少ない。</u>」と言うと，その説明に不十分さが残っていることに気づいたC3が「C5さんは円だと木が6本，間が6個で間と木の数が同じになると言いました。ここまでいいですか。直線になると，木は6本で円と同じになる。でも<u>間の数が1個少ない</u>と言いました。」と自分の説明につなげたC5の説明を仲間に伝えることができています。

　教師が説明を繰り返すことを要求すると，子どもは仲間の発言を自分の中に取り込んで自分の言葉で説明したり，仲間の説明を聴いたりすることで，大切な考えがクラス全体に広がります。

②子どもが見つけた数量関係の意味を子どもが問う

　子どもの気づきの発言の中で木の数，間の数が出てきているので，いったん2つの場面の式を言葉の式に整理させることにしました。
　ワークシートにある2つの場面の式を見て，C5は，「どうして間の数と木の数が同じなの？　どうして円は同じで，直線だったら1本少ないのかな？」と自分の疑問をクラスに伝えると，教師が黒板で言葉の式に整理した後に，この疑問を取り上げて問い返しました。

```
円　　木の数＝間の数
直線　木の数－1＝間の数
```

　すると，C2が，「さっき私が言ったみたいに，円の時はこれで1回転したら端から端がつながっている。」と言いました。「こっちだったら端から端でつながっていない。円はつながっているから，もしも直線が円ならこっちももう1つ4mあるはずで，だから，木の数と直線の数は直線だと1個4mがない。」と理由を説明したのです。ここで大切な言葉「1個4mがない」を教師が繰り返すと，C2が続けて「直線だと1個4mがないんだ。」と実感を込めて話しています。
　このC2の発言は自分の気づきの発言が，C5の疑問の解答になりえると考えながら聴いた結果です。C2は自分の発言とC5の疑問を関連付けて聴いたことになります。
　さらに，4m1個分ないからだということに気づいた自分を自覚して，自己の変容をクラスに伝えているのです。これは自己の進展を考えながら聴くという聴き方です。

③仲間の発言の意味を確かめ合うグループ相談

教師はグループでＣ２の言った４ｍが１個分たりないことを確認するために２分間グループ相談させました。この相談で、まだよくわからない子どもにはわかった子どもが説明できるので、２分間の相談活動はＣ２の考えをクラスに広げるのに役立ちます。

④教師が１対１対応の考えを教えて考えさせる

ここまでの主体的・協働的な学び合いで子ども自身、直線が円のようにつながるためには、間が１つ必要なことはわかったようです。しかし、「１対１対応の考え」で説明することは子どもからは出てこなかったので、教師が考える手がかりを与えて、気づかせるようにしました。

直線の絵を使って、「木と木の間に４ｍがあって、ペアになっています。(木と間をペア)直線を見て。(２本の木と木の間でペアの考えを図で示し)、この後どうなる？」と問うと、クラスの子どもの目が直線上の木と間のペアを作ることに向けられていきます。そして、Ｃ２が「直線の方は木１本、ひとりぼっちになる。」と元気のいい声で仲間に伝えると、「あー、本当。」とあちこちでつぶやきが出されました。Ｃ７が、黒板の前で、「ここもペア、ここもペア、…ここもペアになる。ここだけが違う。」と直線の木と間を指しながら説明しました。続いてＣ２が「でも、こっちは全員ペア。」と説明を続けました。さらにＣ８が出てきて、「直線は最後はひとりぼっちになるけど、円は全部木１本には必ず４ｍのペアがある。」と自分の言葉でわかっ

たことを伝えました。最後に教師が「だから円の時は木の数＝間の数，直線では木の数－1＝間の数になるんだ。」と締めくくりました。

・この話し合いの流れ
1　2つの場面を対比して，気づきを伝え合う。
2　気づきを詳しくつなぐことで，「間」，「木と間」の関係が伝えられる。
3　なぜ，円の時，木の数＝間の数，直線の時，木の数－1＝間の数なのか問いが生まれる。
4　問いに対する理由を考え，伝え合う。
5　理由の共有化の相談
6　ペアの考えを教え，問いに対する理由を考え，伝え合う

　この授業の流れを見ても，子どもが聴いて考えて伝え合うことが基本にあり，そこに教師の適切な言葉かけや働きかけがあります。子どもの発言をうまくつなげられるような方向づける言葉かけ，発言をクラス全体に広げるための問い返し，考えを共有させるためのグループ相談，そして何よりも自分の考えたことを何でもつぶやいたり，発言したりしてクラス全体の考えの向上を目指す学級集団づくりなどが根底にあるから，このような学び合い・高め合いのある話し合いができるのです。

❹つくる(子どもの思考に寄り添って授業を進める)

　子どもが主体的に問題を見出し,解決にせまる気づきの伝え合いから始まる授業では,はじめに立てた授業プランではなく,子どもの思考に寄り添って子どもと授業をつくりながら進めることが大切です。

①気づきの伝え合いが学びの方向性を決める

　授業のはじめ,小さい円のシール37枚で構成した図(ハチの巣)を黒板に提示しました。この図を見て,子どもはどんなことに気づくでしょうか。

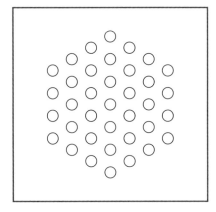

```
　T　今日勉強するのは,(図を見せる)
C1　その図は六角形です。
　C　同じです。
　C　わかりました。
　T　これに付け足せるといいな。
C2　正六角形です。
C3　円が正六角形になっています。
　T　1つ1つの円が正六角形の形に並んでいます。これだけ?
```

> C4　大きなかこった正六角形の中に正六角形があります。
> C　本当だ。
> C　わかりました。
> C　わからない。
> T　わからないを言わないと。
> C5　よくわかりません。
> C　詳しく言います。
> C6　（図を指しながら）まず，一番外側に，ここに4つ，ここに4つ，ここに4つ，こういう正六角形があります。
> T　つまり，詳しく，1辺が。
> C6　1辺が4つの正六角形，その中に1辺が3つの正六角形があります。
> C　あ，見えた。
> T　見えた？
> C　うん，わかりました。
> C6　その中にも1辺が2つの正六角形があります。最後に点，中心の○があります。
> C　あー，わかりました。
> T　わかったよという人は？
> （全員挙手）
> T　すごい。正六角形の中に正六角形が見えたね。素晴らしいです。

　図が提示されると，子どもたちはさまざまな気づきを伝え合っています。C1は全体的に図を捉えて「その図は六角形です。」と話し，教師がつなげるように促すと，C2が「正六角形です。」と言い直しました。さらにC3が「円が正六角形になっています。」と付け加えました。
　これを教師が繰り返すと，C4が「大きなかこった正六角形の中に正六角形があります。」とすぐには見えない気づきを話しました。このC4の発言

に対して，クラスの子どもは「本当だ。」「わかった。」という反応と「わからない。」という反応に分かれました。

　教師はここで「わからないを言わないと。」とC5にわからないを伝えることを促し，C5が「よくわかりません。」を伝えました。すると，C6が前に出て図を指しながら「一番外側に，ここに4つ，ここに4つ，ここに4つ，こういう正六角形があります。」と説明しました。教師は「1辺」を使うように指示し，再度，C6が「1辺が4つの正六角形，その中に1辺が3つの正六角形があります。」とよりよい説明をしたので，「あ，見えた。」と最初はわからなかった子どももわかってきて，C6の説明の途中でもわかった反応を返しています。C6が続けて「その中にも1辺が2つの正六角形があります。最後に点，中心の〇があります。」と説明しました。ここまでの説明で「あー，わかりました。」と全員が理解できたようです。「わかったよという人は？」とたずねられると，全員挙手して，C4の気づきが共有されました。ここで，教師が「すごい。正六角形の中に正六角形が見えたね。素晴らしいです。」とほめています。

　この導入場面の子どもの気づきの伝え合い，よくわからないという反応を明確に「よくわからない。」と発言させたことで，別のわかった子どもがC4に代わって，詳しく説明して全員理解を果たしています。

　ここで大切な点は，どんな気づきを子どもが伝えるかはわからないということです。ですから，正六角形の中に正六角形が見えるというC4の気づきをその後の授業展開のスタートにすることが子どもの思考に即していることになります。

②子どもの気づきに寄り添うことで，子どもの学びが深まる

　本時のめあてを「工夫した図と式に表そう」として，授業プランを変更して，「正六角形が見えているので，正六角形方式のC4さんの方法でいきます。」と方向づけ，この方法を式表示するグループ学習に入りました。

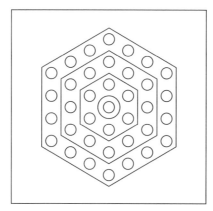

　3分間のグループ学習後に，1班に発表させました。1班の式表現は，3×6＝18，2×6＝12，1×6＝6 です。1班は「まず，外側の正六角形を3個のかたまりが6つ分，次に2個のまとまりが6つ分で内側の正六角形を求められます。次はその内側の正六角形を求めます。1×6＝6，最後に中心の1個です。」と説明しました。

グループで式を考える

　この説明と式表示が対応していないことに対して，教師が「つなげます。全員つなげられますよ。」とつなぐことを促すと，C9が，「18＋12＋6＋1で全部の六角形が求められます。」とつなげました。

　すると，この発言を聴いた子どもたちから「1つの式にします。」とよりよくしようとする発言が出ました。これは聴き方の指導のたまもので，「よりよくできないかな？」と聴いて考えた結果です。C10は，「式は（3＋2＋1）×6＋1です。」と答えました。この式の意味は必ずしも全ての子どもにはすぐに理解できずに，「は？」「あ，そうか！」「何，それ？」「同じです。」と反応はさまざまでした。

この後に，C11から「最後の式は1×6よりもペアにできるので，2×3の方がいいと思います。」という発言が出ます。C11はC9の式の1×6を見て，2×3の方が，2のまとまりを利用していてわかりやすいと考えています。このC11の考えに対して，C12が「意味が違ってきます。」とつぶやくと，このつぶやきを教師が拾って，「それをちゃんと言わないと。」とC12に明確にクラス全体に自分の考えを伝えるように促しました。C12は「18と12を求めるためには3×6とか6辺あるので，かける6にしました。だけど，2×3だと，3辺しかないことになるから2×3だとだめだと思います。」と理由を説明しています。このC12はこれまでの友達の発言を聴いて，C10の式のよさとC11の言いたいことを比べて考えたうえで，正六角形の6辺を利用したよさを再確認できたのです。

　ここまでほとんど教師は発言していません。「つなげます。」と「それをちゃんと言わないと。」だけです。ようやく，C12の発言の後に，「C11さんの工夫わかるけど，式には意味があるので，C12さんの言った意味わかる？六角形の6なんだね。」とC11の工夫も認めつつ，C12の6辺の6を使う式のよさを指導しました。

　このように，1班の発表に対しての話し合い場面では，子どもが主体的・協働的に授業をつくり，学びを深めています。

　子どもの思考に寄り添って授業を進めると，子ども自身で聴いて考えてつなげて友達の考えをよりよくしたり，よりよくする考えがすぐにわからない場合は，わからなさやわかったことを素直に反応として返したりします。また，異なる意見を表明すると，その意見に対して，関連付けて考えることで2つの考えを吟味できます。

③教師がとめて，ゆさぶり，もどして，よりよくさせる

　C13が他の方法を「図を横向きにして，(4+5+6)×2+7」を話しました。この子どもは正六角形方式ではなく，台形方式でこの図を考えてい

ます。しかし，今取り組んでいる問題は正六角形方式の図を式にすることでした。教師は，「これは正六角形方式かな。これはおいておくよ。」ととめて，もどします。なぜ，とめてもどしたかと言えば，C10の式は，1班の式　3×6＝18，2×6＝12，1×6＝6，18＋12＋6＋1を（3＋2＋1）×6＋1と改善したものでしたが，正六角形方式の図を表すとしたら別の表現ができるからです。この課題がまだ残されているからです。そこで，「（3＋2＋1）×6＋1の式，この図を表す式として正しいかな？　もっと違うまとめ方ないでしょうか？　式と図が合わないとだめだ。」とゆさぶりました。この後に，C14は（3×6＋2×6＋1×6）＋1を発言しました。これは，教師のゆさぶりを受けて，図と式を見直して考えた結果です。（　）はなくてもいいよという子どもからの指摘も出て，3×6＋2×6＋1×6＋1の式表現が完成しました。

　ここまでの話し合いを教師は「これは計算のきまりを使って，こう直せるよっていうのはみなさんが賢いからできました。」とほめています。これは大切な働きかけです。また，ここまでの学習活動で，与えられた図を考え方に対応して式表現することは理解できたように思います。教師の説明で式と図を対応させて考えることの意味を教えることはできます。しかし，今まで見てきたように，時間はある程度かかりますが，子どもの気づきを活かして，その気づきにもとづく図の見方を式に表すグループ学習を3分間行い話し合いました。学び合いにより見方を修正して，正六角形方式の式を見つけることができました。これはアクティブ・ラーニングと言えるでしょう。

④仲間の提案を取り上げ，みんなで考えさせる

　正六角形方式の式表現ができたところで，さきほどとめたC13の考え「（4＋5＋6）×2＋7」をクラス全体の問題として取り上げました。これも指導案にある活動ではありませんでしたが，子どもの思考に寄り添った結果です。

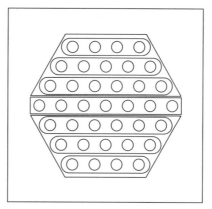

　ここまでの学習で式と図が対応しなければいけないことがわかっていますから，1分間のグループ相談でどの班も正解していました。

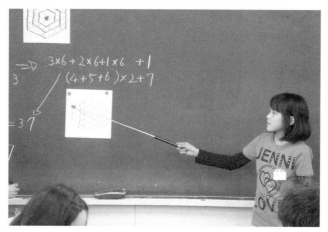

　2班が「まず，こことここです。(4＋5＋6)の意味はたてに4，5，6とあります。×2の意味はここと同じものがあるので，かける2になりますね。真ん中に7があるので，＋7になります。」とうまく説明しました。これをC13に確認してから，教師は「2つの台形と真ん中に1つの長方形ができました。図形的に見ることは大事ですね。」とまとめて，ワークシートを配付し，まだいろいろに図形的に見て工夫して求め方を考える個人学習へ進めました。

＊この後の授業展開

　5分間の個人学習後にグループで各自の考えを比較検討し，一番のお勧めを選んで紙に書いて黒板に提示しました。それぞれのお勧めをみんなで見合い，工夫した点，どれが一番よいか，1辺の○の数を変えた時にも使える方法はどれかなどを話し合い，最後に，式（3＋2＋1）×6＋1　を1辺が4個の場合，どんな式になるかを全体に問い，みんなで　（4＋3＋2＋1）×6＋1　と答えることができて授業は終わりました。グループ学習後の話し合いでは，それぞれのよさを見つける活動，一般化する活動がなされており，これらは21世紀型スキルで重要な汎用的スキルにも通ずる活動になっています。

グループの解法を比較検討する

Part2 3つの視点でできる！算数授業のアクティブ・ラーニング

1 能動的問題把握を促す問題提示

「能動的問題把握」とは，子どもが主体的に問題とかかわり，情報を整理したり，既習とつなげてわかること，問題のための条件や問いなどを考えたり，伝え合いながら，問題把握することを意味します。

❶問題文の一部を隠して，問題文を提示する

問いに答えるためにどんな情報が必要かを考えたり，与えられた条件からどんな問いができるかを考えたりして，伝え合わせます。

例1　6年　つるかめ算

> 120円のノートと100円のノートを全部で50冊売りました。
> 120円と100円のノートは何冊売れたでしょう。

例1のつるかめ算は，条件文が1つ隠されている条件不足問題です。これだけでは解決できないことに子どもが気づけば，どんな情報が必要かを考えることを始めるでしょう。またこの条件不足のままだとどんな解答になりそうかを考えることもあるでしょう。全部で50冊売れたということは，120円と100円の組み合わせが（1，49），（2，48），…，（49，1）のような49通りあると考えるかもしれません。

授業では，Y子が，「例えば，120円が1冊で100円が49冊が考えられる。」という発言をしています。これを聴いたクラスの子どもからは，「これでは答えが決まらない。」というつぶやきが出され，教師は「どんな情報がわかれば問題になるかな？」と問い返しました。その後，少し相談させてから，

A子が「全部売れた代金がわかればいい。」と条件を見つけました。そこで，教師が，「売上高は5100円です。」と条件を追加して，いくつかの組み合わせの売上高をクラスで調べてからグループ学習に入りました。

このように，問題を解決するために，どんな情報が必要かを考える過程を含めることで，子どもが主体的にこの問題に対峙することになります。単に問題を与えて，読ませ，「わかっていることは何ですか？」「問われていることは何ですか？」という教師の問いに子どもが答えればよいとすると，受動的な問題把握になってしまいます。

能動的な問題把握の長所の1つは，答えはいろいろな組み合わせがあり，それを1つに決めるためには合計の売上高が必要だということを考えることが要求される点やいろいろな組み合わせを順番に調べれば，どれかの組み合わせが売上高になるはずだという見通しが立つという点です。

例2　6年　割合分数の問題

> びんにジュースが600mLはいっています。
> これは，びん全体のかさの$\frac{2}{3}$にあたります。

例2の問題は，問いが隠されて提示されています。条件文からどんな問いができるかを考えることも子ども自ら問題を作る活動の1つになります。この例では，「びん全体のかさは何mLですか。」や「びんの$\frac{1}{3}$にあたるかさは何mLですか。」の問いができます。

> T　（問いが隠れている問題を提示）
> C　気づきを言います。
> C1　びんにジュースが600mLはいっていて，びん全体のかさが$\frac{1}{3}$です。
> C2　$\frac{1}{3}$ではなくて，$\frac{2}{3}$です。
> T　どのくらい？（黒板にびんの図をかいて）
> C　3つに分けた2つ分

```
    T   ($\frac{2}{3}$をぬる)
　C3　まだおたずねが出ていません。
　C4　$\frac{2}{3}$は1より小さいので，びん全体のかさは，600mLより小さい
        と思う。
　C5　600mLが全体の$\frac{2}{3}$なので，600mLより大きくなる。
    T   ($\frac{2}{3}$にあたる部分を指して)ここが600mLなんですね。というこ
        とは，さっきC3が何て言った？
    C   おたずねがない。
    T   おたずねは？
    C   相談しませんか？
(相談30秒)
    C   そろそろどうですか？
　C6　「びん全体のかさは，何mLになるでしょう。」でどうですか？
    C   わかりました。
    T   (問いを見せて)おたずねを読みましょう。
```

　授業記録から，前半では与えられた条件についての事実を述べたり，問いがないことを指摘したり，全体のかさが600mLより大きくなりそうだという見直しを述べたりする子どもの姿があります。後半ではおたずねについて相談活動を入れて，全員に問いを考えさせています。

❷挿絵を提示し，問題文を読み聞かせる

　問題文を見せて問題を読ませて理解させるのではなく，問題文を見せずに教師が問題を読んで聞かせ，ストーリーや大切な情報を子どもに言わせ，これらの情報を黒板に整理する方法があります。聞いた問題文から大事な情報を取り出し，自分の言葉で伝え合い，情報を整理して，問題を理解できます。さらに，問いを隠して条件文だけを読み聞かせる場合もあります。

読み聞かせによる問題把握は，子どもが場面を自分の頭の中で想像して，大切な情報を拾いながら問題を理解するという能動的な聴き方ができることです。もちろん，間違うこともありますが，それを聴いた別の子どもが修正することもできます。

例3　3年　あまりのあるわり算 （啓林館『わくわく算数3上』より）

教師が読む問題
　35人の子どもが長いす1きゃくに4人ずつすわっていきます。みんなすわるには，長いすが何きゃくいりますか。

　挿絵を見ながら問題文を聞くことで，問題場面をイメージしながら，大切な条件が把握しやすくなります。子どもは聴いて，つないで伝え合うことで，問題把握が確実になります。

　T　（教師が問題の挿絵を見せて，読んで聞かせる）
　C　わり算だ。
　C　35÷4だ。
　T　どんなお話だった？
（20秒　待つ）
　T　だんだん手が挙がってきたよ。わからなかったら相談していいよ。
　C1　子どもが35人いて，長椅子があって，子ども35人が全員が長椅子に座るには長椅子が何きゃくいるかという問題だと思います。
　C　ちょっと付け足します。

| T | 挿絵見ながら上手に言ってたよ。
| C2 | C1さんに付け足して，35人子どもがいて，長椅子に4人ずつ座って，椅子は全員座るのに何きゃくいりますかだと思う。
| C | 同じです。
| T | えらい。C2さんが言ってくれたとおりの問題です。(問題提示)C1さんにしっかりつなげてくれました。もう1回みんなで読みましょう。

　この授業では，教師が問題を読み聞かせた後に，すぐに挙手した子どもを指名せずに「わからなかったら相談していいよ。」と言って，待って相談させています。そのうえで，C1が問題条件である「4人ずつ座る」に触れなかったことに対して，「ちょっと付け足します。」と条件を付け足せるC2がつなげて，自分の言葉で問題を語っています。教師はしっかり聴けていることやつなげたことをほめています。

読み聞かせによる問題提示

どんな問題かを相談する

読み聞かせで問題を提示すると，子どもがアクティブに頭の中で聴いて理解できたことを自分の言葉で語れるよさがあります。もし，問題文をそのまま見せられれば，自分の言葉ではなく，問題文どおりにわかっていることを話すことが多くなります。また，友達の話をしっかり聴いて，説明不足を補うことが自然に行われるということです。つまり，つないでクラス全体で問題把握することに取り組めるということです。
　この短い授業記録からわかる教師の働きかけの特徴は，「相談を促す」「ほめる」です。子どもの発言や反応に対して，教師が言葉を返すことは大切なスキルです。

❸挿絵，図，表，グラフを提示する

　提示された挿絵などから情報を読み取り，自分の言葉で伝え合う中で，問題場面を理解したり，問題を作ったりできます。

例4　6年　割合分数

　水道のじゃ口をきっちりしめなかったので，$\frac{1}{6}$時間で$\frac{2}{15}$Lの水がむだになりました。
　ア　1時間水道のじゃ口をきっちりしめないでいると，何Lの水をむだにすることになりますか。
　イ　1Lの水がむだになるのは，何時間水道のじゃ口をきっちりしめなかったときですか。

　この問題を挿絵だけで与えて，子どもに気づきを言わせると，どんなことを話すでしょうか？
　「水がもれている。」「どれくらいむだになるのだろうか？」「1時間でどれだけの水をむだにしているのだろうか？」など，いろいろなことを考えるにちがいありません。子どもから「どれだけの時間でどれだけの水がもれているのだろうか？」という発言が引き出せれば，算数の問題を作る準備ができ

たことになります。そこで、「$\frac{1}{6}$時間に$\frac{2}{15}$Lの水がむだになる」という情報を与えて問題を作らせます。教科書にある2つの問題を子どもが作ることができるのです。

❹条件を与えずに，例を作らせる

　子どもが自分の知識を活用して，具体的な例を作り，数量関係について伝え合い，問題解決の根拠や見通しをもつ活動です。問題情報を与えずに，子どもに相談させて，自分たちで考えた数値情報を使い，数量関係の例を作らせます。

例5　6年　仕事の速さ

> 　　A，B2つのプリンターがあります。Aのプリンターは1時間に4500枚，Bのプリンターは5分で500枚印刷することができます。
> 　　速く印刷できるのは，どちらのプリンターですか。

　この問題をA，Bのプリンターの絵だけを見せて，「どちらが速く印刷できますか」を問います。

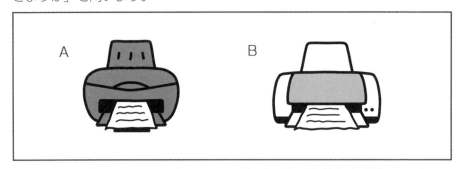

　このような提示だと，子どもは，問題解決に必要な情報を考えて，時間と枚数が必要なことに気づくことができます。この時点で，教師から問題条件を提示することもできますが，例を作る活動を仕組むこともできます。つまり，時間と枚数を使って，「例えば，…なら，○の方が速く印刷できる」と

例を作らせて伝え合わせることで，解法の見通しの共有化につながります。

❺子どもが問題を作るプロセスを経て問題を提示する

例6　5年　割合の応用

> 30%増量後の洗剤が780mL でした。
> 増量前は何 mL でしたか。

　この問題をそのまま提示するのではなく，条件不足問題として提示して，必要な条件を考えたり，予想したりしながら，問題を作ることに子どもを参加させるやり方があります。条件不足の情報からどんな条件が必要かを考えながら，順々に問題条件が追加されて，問題を作っていきます。このように問題を作るプロセスを経て問題を把握する活動は，能動的な問題把握です。

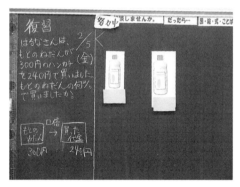

　与えられた情報から気づきを伝え合い，問題を捉える場面の授業記録を読んでみましょう。

　T　洗剤の量の問題です。（小と大の2つのボトルの絵を貼る）
　C　気づきを言います。
　C1　右にある洗剤が大きい。
　C2　左の方が小さい。
　C3　わかった。おたずね。

C3　左の洗剤の量は右の洗剤の量の何倍ですかだと思います。
T　これは何を求める問題？
C　割合。
T　（大のボトルに 30%増量 を貼る）
C4　それだと問題ができません。
C　え？
C　わけを言います。
C2　わけはどちらの洗剤の量もわかっていないからです。
T　どちらを知りたい？
C　左。
T　なぜ？　こっち知りたいの？
C　もとの量だから
T　教えてください。
C5　もとがわかれば比べる量がわかるからです。
T　こっちがもとだと思っているの？（小のカードをはがす）
C　えー。
T　なんで「えー」と言ったの？
C6　もとの量が知りたいのに，もとがわからなかったら，比べる量もわからないので，…。
T　C6さんが何を言いたいかわかる？
C2　今までみんなは小さい方がもとと思っていたね。でも，もとと思っていた量がわからないと比べる量だと思っていた大きい洗剤の量がわからないと求められない。
C7　じゃ，30%増量したものから30%引けばいいと思う。
T　はー，なるほど。
C　わかりました。
T　引けばいいの？（大のカードをはがして780mLを見せる）
　　どんな問題になるの？

C　あ，わかった。
　板書　増量前の洗剤の量は何 mL ですか？

・問題が形成されるプロセス
1　小と大の２つのボトルを提示する。
　子どもから気づきが出され，問いの予想「左の洗剤の量は右の洗剤の量の何倍ですか」も出ます。これは２つのボトルからできる問題の１つです。

2　「大のボトルに30％増量」を追加する。
　すかさず，「それだと問題が解けません」という反応が返ってきます。情報不足問題であることに気づいているからです。

3　「どの情報が欲しいか」を問う。
　小のボトルの情報が欲しいと返しています。基準量がわかれば比較量もわかるという見通しがあるからです。

4　「小のボトルの量が？」を知らせる。
　求める量であることがわかると，「えー」という反応が教室全体を支配します。「もとがわからないと，比較量が求められない」という理由や「大がわかればそこから30％引けば，増量前の量がわかる」という見通し（間違い）が出されます。この見通しは多くの子どもが支持してしまいます。

5　「大の量780mL」を示し，「どんな問題ができそう？」と問う。
　「増量前の洗剤の量は何 mL ですか。」の問いに気づかせて，本時問題が提示されます。

2 グループ学習やチーム学習で深める対話的学び

　グループ学習，グループどうしがチームを作るチーム学習，クラス全体の一斉学習のそれぞれの協働学習場面で，対話的な学びによって思考が高まる様子を見ていきます。

❶グループで見通しを相談し，よりよい考えを見つける

　タイプA（本書 **Part3** の1❷，p.84参照）のグループ学習では，まずメンバーが見通しについて考えを互いに伝え合い，聴き合い，相手の考えを受け入れたり，自分の考えを伝えたりしながらよりよい方法を見つけて，共有するための見通しの相談・話し合いが行われます。

　ここでは，4年の「面積」の授業からその様子を見てみましょう。凹型の面積を求める問題です。見通しの相談からグループに任せるグループ学習です。見通しを話し合う4人のやり取りを事例1の個人別発話記録にまとめました。

例7　4年　面積の応用

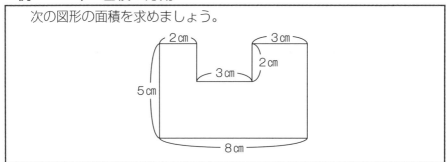

　事例1の個人別発話記録を見ると，この4人グループの建設的相互作用がわかります。まず，C3が分割法を提起します。相談の口火をきったのです。すると，C2が図を指しながら，あるとみて引く方法を提案しようとします。

事例1 4人で見通しを相談するグループ学習の個人別発話記録

C1	C2	C3	C4
		①分けたしじゃない？　だって，この2つの出っ張りを…。	
	②（指しながら）長方形っていうのは，…。		
		③あ，わかった。全体だ。	
	④ここに線をひいて，ここに長方形を作る。で，そこからこの出っ張り…。		
		⑥うん。凹みだね。	⑤出っ張りっていうか，凹みじゃない？
⑦全体からこの凹みを引けばいい。よし，それからやってみよう。	⑧うん。		
		⑨俺は分けたし法。	⑩確かにわかりやすいけど。いろいろな方法でできる。例えば，ここを分けてさ。
		⑪だから，俺もそうしようと思っていた。	⑫でも，一番やりやすいのはこれ（C2の長方形から凹みを引く）だと思う。
⑬うん。一番やりやすいのはこれ。ここ（凹み）を引くのが一番やりやすいと思う。じゃ，これでいきましょう。		⑭うん。	⑭うん。

　図を指し示すことからC2の考えを読み取ったC3は1つの長方形全体を

求めることだと理解しました。つまり他者の考えを受け入れようと聴いています。Ｃ２が続けて，「出っ張り…」と言いかけたところで，Ｃ４，Ｃ３が「凹み」と言葉を修正しています。これも仲間の一言一句聴いている証拠です。最後にＣ１がＣ２の言いたいことをまとめて「全体から凹みを引けばいい。」と言い，これを「うん。」とＣ２は了解します。

　ここでＣ１が自分たちのグループはＣ２の方法で進めようと提案しますが，Ｃ３が自分の方法を主張しました。これに対して，Ｃ４はＣ３の考えのよさを認めつつも，それよりＣ２のあるとみて引く方法の方が簡単なことを伝えます。Ｃ１も同じようにＣ２の方法が簡単であることをＣ３に伝えます。ここで，自分が仲間に同じ考えであることをＣ１が伝えているところは人に頼らず自分の考えを伝える責任をもっているからです。こうして，Ｃ１がＣ２にあるとみて引く方法で進めることを提案すると，Ｃ３も納得し，グループとしての方針が決まりました。

❷気づきを受け止め，グループの考えを高める

　仲間の発言を聴いて考え，自分の気づきを伝えることがグループの考えを高めるのに役立ちます。そのためには聴き合う関係が大切です。ここでは，つるかめ算の問題をグループで解決した４人のやり取りを見てみましょう。

例８　６年　つるかめ算

> 100円のノートと120円のノートを合わせて50冊売れました。
> 売れ高は5300円でした。それぞれ何冊ずつ売れたでしょう。

①試行錯誤して答えを見つける

　まず，試行錯誤して答えを見つけようとして，Ｃ１，Ｃ３，Ｃ４の３人が発言し，Ｃ２は３人のやり取りを聴いています。Ｃ４がホワイトボードに20

冊，30冊を書いて，「120×20は？」と計算結果を尋ねると，Ｃ３が計算し，240と答えます。Ｃ１が「100×30は3000」と言うと，Ｃ４が「240＋3000＝3240」と言い，Ｃ３が「なんか変。わかった。2400だ。」と言うと，Ｃ４が計算間違いに気づいてこれを消します。Ｃ４は「2400＋3000は5400だから」と言って，今度は15を提案します。15冊，35冊で調べた３人はその計算が5300円になることで「やった」と喜んでいます。

②ホワイトボードに解法を書く

次は，答えが見つかったので，ホワイトボードに自分たちの試行錯誤の過程を書きました。見やすく書くことも考えています。

20	→	15	少なくして
30	→	35	多くして
5400		5300	

③解法の説明の練習

ホワイトボードに考えを書き終わると，発表のための説明練習に入ります。Ｃ３が「どうやって説明すればいい？」と言うと，Ｃ４が「120円は20冊，100円は30冊でやりました。5400円になりました。5400が多かったので120円を少なくして，100円のノートを多くしたら，15冊と35冊にしたら5300円になりました。」と説明しました。この説明後に，Ｃ３が「5300円より合計が多かったから120円のノートを少なくして100円のノートを多くしたんだ。」と多い合計を少なくするには高い方の120円の冊数を減らせばよいことを繰り返しています。この試行錯誤ではこの点が大切で，Ｃ４，Ｃ３もこの点が大切なことがわかっています。Ｃ４は「つまり私たちはあてずっぽで，」Ｃ１は「そのままかんでやった。」と試行錯誤法でしたことを自覚しています。

④Ｃ２のつぶやきを聴いたＣ４による解法の改善

　ここまで，３人は試行錯誤法でやったことに満足していましたが，Ｃ２が「どう言えばいい？」と自分の疑問を口にします。これを仲間が試行錯誤法の説明の仕方がわからないと理解して，Ｃ２に説明を始めます。

　しかし，Ｃ２が「20円ここにかけたら100だよ。」と１冊の変化で合計が20円変化する20に目をつけて，20の５倍が100円，調整した100になることを伝えようとしました。これをＣ４が聴いて理解し，「あ，本当だ。」と驚き，具体的にホワイトボードに20×5＝100をかいて100増えることを仲間に示しました。これをヒントにＣ４は「20を５少なくすればいい。だから30を５多くすればいい」ことに気づき，Ｃ３も「そういうことか。」とうなずきました。

　Ｃ４は「５は20ずつ増えるから，すごい。じゃ，100÷20＝５したら，５出るよ。」とあてずっぽで見つけた５が式で求められことの発見に驚いた自分を表現しています。これを聴いていたＣ３，Ｃ１もそれを理解しているようです。

　はじめから仲間の発言をじっと聴いていたＣ２のつぶやきをＣ４が拾い，その意味を考えて，変化量20円の５倍が100円になるという関係が試行錯誤の調整の５に結びつくことに気づいたことで，このグループの解法が改善されました。この改善には，Ｃ２のつぶやきとそのつぶやきを聴いたＣ４が大きな役割を果たしています。じっくり聴いて考えたＣ２の発言量は少ないですが，意味のある発言をしたことになります。

❸助け合い，教え合い，グループの考えを高める

　３人のグループで，見通しの相談から始めて解法を作り上げるまでの様子を見てみましょう。

例9　6年　全体を1とみる問題

> 水道管で水そうに水を入れるのに，Aの管では10分，Bの管では15分かかります。両方の管をいっしょに使って水を入れると，何分でいっぱいになりますか。

①答えを見つける

　まず，線分図をかこうとしてうまくいかずに，式で解くことに方針を変更しました。C1とC2が対話しながら，Aの1分間にたまる割合$\frac{1}{10}$とBの1分間にたまる割合$\frac{1}{15}$であることを確認して，C1が$\frac{1}{10}+\frac{1}{15}$の式を作って計算しました。C1が$\frac{1}{6}$を出すと，C2が「じゃあ，1分間に$\frac{1}{6}$割合がたまる」と答えの意味を説明し，C1がホワイトボードに「1分間に$\frac{1}{6}$たまる」と書きました。これを見て，C2が「$\frac{1}{6}$」，C3が「たまる。全体を入れて」と言い，C1が「1分間に全体の$\frac{1}{6}$たまる」と書き直しました。そこで，C2が「全体の$\frac{1}{6}$たまるから6分だ。」と伝え，C1が「6分」を書きました。
　この場面では，C1，C2が主に発言していて，C3はそのやり取りを聴いていましたが，途中で「全体を入れて」と言っていますから，2人の説明を聴きながら考えています。

②わからないことを仲間に伝える

　次の場面は，C2が答えを導いた式$\frac{1}{10}+\frac{1}{15}=\frac{1}{6}$が6分を出す式ではないこと，C3が$\frac{1}{6}$から6分がなぜ出せるかがわからないことを伝えることから始まりました。C3の疑問に対して，C2が「だって1分間に$\frac{1}{6}$だから」，C1がます図をかいて，「6めもりいるよ。」と説明すると，C3は「そういうことか。」と納得しました。そして，C1がホワイトボードにかいたます図を使って，C3はます図の$\frac{1}{6}$の部分をぬり，その部分に「1分間でを書いたら」とC1に提案し，C1が「1分間で」を書き加えました。

この場面では，Ｃ３が素直に自分の疑問を仲間に伝え（援助要請），その疑問に対して仲間が説明しています（援助提供）。しかも，Ｃ１が自分でます図をかいて$\frac{1}{6}$をぬることはせずに，$\frac{1}{6}$の部分はＣ３がぬっています。グループ内で仲間の疑問を誰かが全てを説明するというのではなく，Ｃ３がホワイトボードに書き込む作業を残して，Ｃ１がＣ３に援助提供しているように，援助要請者を巻き込んで援助提供している姿が見られます。

③Ｃ２の疑問がグループの考えを高める

　「$\frac{1}{10}+\frac{1}{15}=\frac{1}{6}$」から６分を出すのではなく，他の式がないかというＣ２が当初もった疑問を解消するやり取りが行われました。
　まず，Ｃ３がＣ２の疑問を引き継ぎ，「$\frac{1}{6}$から６分出すやり方は？」と伝えます。この発言に，Ｃ１が応え，「１個で$\frac{1}{6}$だから$\frac{1}{6}×6=1$」と言い，この式をＣ３に書くように伝えました。Ｃ１はます図を見て，かけ算の式を思いついたのです。今度はＣ３が式「$\frac{1}{6}×6=1$」を書きながら，「なぜ，１？　１分じゃないの？」と自分の理解のあいまいさに気づいて疑問を仲間に伝えました。この質問にＣ１が「全体が１だから」と説明します。この説明を聴いて，Ｃ３が「答え６分」を書きます。Ｃ１は「全体が１と考えるから１になってＯＫ」と言い，Ｃ３が「全体は１ね。」と言い，ホワイトボードに「全体を１と考える」を書いたのです。Ｃ３の疑問がＣ１の説明で解消され，Ｃ３が「全体１」というアイデアを納得した瞬間です。それでもＣ２が「でもこの式だったら確かめの式かな？」と自分の疑問はまだ解決していないことをつぶやいてグループ学習が終了しました。
　この場面でも，わからないことを正直に伝えて，仲間がそれに向き合い，仲間を助ける姿が見られます。このやり取りで解法のアイデアを表す「全体を１と考える」が子どもの言葉として出されたことは，最初の場面だけでとどまっていたらその解法を支えるアイデアはホワイトボード上には表出されないままですが，「わからない」を伝えた仲間を助けるために繰り広げられ

た対話的学びで深め合うことで，本質的なアイデアが顕在化してきたと言えます。これはまさに深い学びのプロセスとも言えます。

❹チーム学習で解法を練り上げる

「チーム学習」は，グループ学習（3，4人規模）の学習から全体学習（クラス規模）へ移行する前に，2グループが1チーム（6～8人規模）を作り，グループでの学習結果を踏まえた課題をチーム学習によって子どもが主体的・協働的に他グループとかかわりながら解決する学習です（石田，2015）。

グループ学習後にグループごとに解決結果を振り返り，どんなことを他のグループとチームを作って話し合いたいのかを考えさせて報告させます。その報告をもとにチームを構成して，チーム学習が始まります。このチーム学習の特徴は，チームごとに，グループの達成状況をもとに，異なる目的のチーム学習が同時に教室内で行われること，子どもが主体的・協働的に2つのグループのホワイトボードを見ながら解法について話し合わざるをえないこと，チーム学習の結果をもとに全体学習では，各チームの報告を聴き合い，残された課題や発見をクラス全体で共有できることがあげられます。

①チーム学習を取り入れた授業展開モデル

1　問題場面の把握
2　グループ学習による解決　グループ学習の結果報告
3　チーム学習による学び合い　チーム学習の結果報告
4　解法の発表・話し合い・まとめ
5　問題2を個人で解く

参考文献
石田淳一「子どもが主体的・協働的に学ぶ算数授業」小松市立苗代小研究発表会講演　2015年

グループ学習後にグループ学習の結果について，クラスの他のグループに対して報告し，できたかどうか，自信があるかどうか，困っていることはないか，他のグループと考えてみたいことなどを簡単に報告させて，どんな目的でどのグループとチーム学習をしたいかを明らかにします。また，2グループがいっしょになる場合，1つのグループの周りにもう1つのグループが椅子を持って移動し，6～8人で2つのグループのホワイトボードを中央において話し合いを行います。

　チーム学習後に，解法のちがいや同じところ，解法の比較検討，一般的な解法の発見，わからなかったグループがわかるようになったことなどをチーム学習の結果として報告します。

　したがって，全体学習の前半はチーム学習にあてられ，残りの時間はチーム学習の報告のいくつかをもとにクラス全体で話し合いが行われます。

②チーム学習における子どもの主体的・協働的な学びの姿

　ここで紹介するチーム学習は，6年の「割合を使って」の授業です。前述した水槽問題のグループ学習6分の後にチーム学習6分が行われました。この時のA，Bの2つのグループの解法を紹介します。

＊Aグループの解法

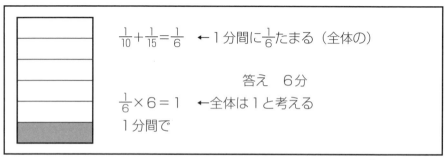

　Aグループは，全体を1とみて，1分間に両方のじゃ口から$\frac{1}{6}$の割合でた

まることから$\frac{1}{6}×6＝1$という式で答え6分間を導きました。ホワイトボードには，図と式，アイデア（全体は1）が書かれています。

＊Bグループの解法

```
10と15の最小公倍数は30です。
1×3＝3           1×2＝2
 ×3              ×2
(10→30)          (15→30)
1分間で3/30       1分間で2/30
式　3＋2＝5
 30÷5＝6         答え　6分
```

　Bグループは，それぞれのじゃ口から1分間に出る割合を整数で表現するために最小公倍数30を求めて，両方のじゃ口から1分間に割合5たまることをもとに考え，全体30を1分間にたまる量の割合5で割って6分を導いています。このホワイトボードには全体を30とみるが書かれていません。また1分間で割合5も書かれていません。

◆チーム学習後のホワイトボード

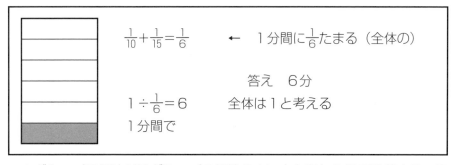

　Aグループの解法がBグループの解法のよい点を取り入れて改善され，答えを求める式が$1÷\frac{1}{6}＝6$に改善されました。この改善はチーム学習による話し合いによるものと思われます。それを見ていきましょう。

③チーム学習の話し合いの様子

話し合いを大きく3つの場面に分けて，各場面の話し合いの様子をまとめました。

場面1　互いの考えを理解し合う
　・互いのよさを認め合う
　・考え方を知るために質問する，確かめる

場面2　評価し合う
　・記述表現のよさ（根拠が書かれている）を学び，取り入れようとする
　・Aグループの方法をチームとして選択する

場面3　チームの考えが改善される
　・BグループからAグループの記述に質問がされる
　・A2（Aグループ）がB3（Bグループ）に説明しながら，自分たちの解法の改善に気づく
　・Bグループの仲間（B1）が理解しようとし，それをB3が助ける説明が行われる
　・チームの解法がよりよくなる

④チーム学習によって解法が改善される建設的相互作用

場面3の6人（A1～B3）の発話記録をまとめたものが事例2です。
このやり取りの特徴は，Aグループのא2に対して，BグループのB3が「なんで$\frac{1}{6}×6$？」という質問をしたことが重要です。この質問に対して，A2が「$\frac{1}{6}$が6つで1になるよ。」と説明をします。この説明でB3はわかるのですが，同時にA3がB3に説明をしたことがA2の気づきを誘発して，「ていうか，$1÷\frac{1}{6}$をすればいいの？」とB3に逆に質問します。これをB3も考え，$1÷\frac{1}{6}$でいいと確信しました。すなわち，援助要請したB3にA2が援助提供しつつ，同時に援助要請すると，B3が援助提供するというよ

うに役割が固定されずに変化しているのです。これは建設的相互作用の1つの特徴です。今度は，2人のやり取りを聴いていたＢ１が「なんで１÷$\frac{1}{6}$？」とＢ３に質問します（援助要請）。そこでＢ３がＢ２に「だって，全体を１としているから$\frac{1}{6}$がいくつあるかだから。」と説明します（援助提供）。他方，Ａグループの２人はこの対話を聴いて理解して，ホワイトボードの修正にかかります。

事例２　場面３の個人別発話記録

A1	A2	A3	B1	B2	B3
①（ホワイトボードに式を書く）		②最小公倍数を通分で考える			
	③こっち（Ａグループ）がいい理由。				④なんで$\frac{1}{6}$×6？
	⑤$\frac{1}{6}$が6つで1になるよ。				
					⑥うん。
	⑦ていうか，1÷$\frac{1}{6}$をすればいいの？				
					⑧1÷$\frac{1}{6}$でいいんじゃない。1÷$\frac{1}{6}$だね。
	⑩（$\frac{1}{6}$×6＝1）違うね。		⑨なんで1÷$\frac{1}{6}$？		
			⑪意味がわからない。		
					⑫だって，全体を1としているから$\frac{1}{6}$がいくつあるかだから。
		⑬（$\frac{1}{6}$×6＝1を消す）			
⑭（1÷$\frac{1}{6}$＝6を書く）				⑮何しているの？（A1に）	
⑯1÷$\frac{1}{6}$をしている。					
⑰よし6分になる。					

このように教師が不在でもチーム学習で子どもどうしの対話で解法の改善が協働的に行われたことは，子どもに学び方を教えることの大切さを示しています。

グループ学習

チーム学習

❺クラス全体の話し合いで考えをつなげ合う

　話し合いの場面での先生方の悩みは，練り上げがうまくいかないというものです。これは聴いている子どもの聴く力が育っていないことや協働的学びが理解されていないことが原因です。また教師の側にも学び合いは話し合いの場面しかないと限定的に考えているために，授業全体を通しての学び合いの指導ができていないことも考えられます。

　ここで紹介するのは，3年の表とグラフを読み取る授業です。

例10　3年　表とグラフをよもう

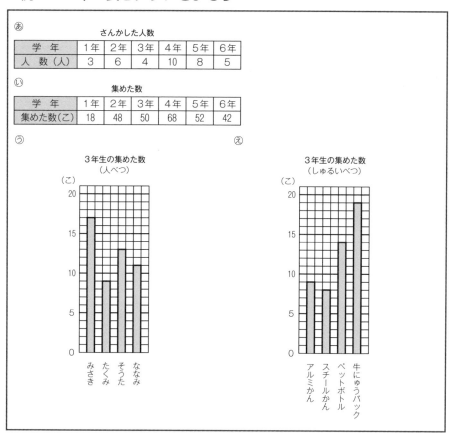

①子どもの発言をつなげる教師の働きかけ

　表とグラフを提示して，本時のめあて「表やグラフからどんなことがわかるかな？」を板書してから，「ではどうぞ。」と子どもの気づきを待っていると，挙手する子どもがまばらでした。その後の教師と子どものやり取りです。
　場面1では，発言をつなげる教師の言葉かけが子どもの発言をつなげます。授業記録の下線は，教師の学び合いの指導に関する言葉かけです。

【場面１】

 T　少ないよ。待つよ。全員手を挙げるよ。手の挙がりが少ない時は？
 C　相談タイムください。
 T　くださいと言わないで，少ない時は「相談しよう。」と自分たちで相談していいよ。
（相談30秒）
C１　発表しませんか。
 T　この子（Ｃ１）言ってくれたよ。今，手が挙がらないのはだめ。仲間の呼びかけに「いいですよ。」と応えないと。自信がなくても手を挙げます。相談する時間を意味あるものにするために自分からもらいに行きなさい。
（相談15秒）
C２　㋐のグラフを見てください。一番多いのは牛乳パックです。次に多いのはペットボトルです。その次に多いのはアルミ缶です。一番少ないのはスチール缶です。次に㋑のグラフを見てください。一番多く取ったのはみさきさんです。その次に多く取ったのは，そうたさんです。その次に多く取ったのはななみさんです。一番少なく取ったのはたくみさんです。だからグラフを見ると，誰が一番多いかがすぐにわかります。
 C　わかりました。
 C　Ｃ２さんのをわかりやすくします。
 T　いい発表でした。
C３　Ｃ２さんに付け足して一番多いのは牛乳パック19個，２番目に多いのはペットボトル14個，次にアルミ缶が９個で３番目に多いです。一番少ないのは８個で一番多いのと少ないのがすぐにわかる。
 C　わかりました。

	C	他にあります。
	C	付け足します。
C4		牛乳パックとスチール缶のちがいは（数えながら）11個です。
	C	もっと短く言います。
	T	ちがいが出たね。すごいよ。4人がつないでいるよ。
C5		㋓のグラフは一番少ないスチール缶と牛乳パックのちがいは11個です。㋑のグラフはたくみが集めた9個とみさきの一番多いのを比べると，（数えながら）ちがいは8個です。
	T	素晴らしい。
	C	他にあります。
	T	自分たちでここまでやっているよ。
C6		牛乳パックとペットボトルは牛乳パックは15個以上，ペットボトルは15個以下集めた。
	T	ここまでを整理します。1人目は何を言いましたか？

＊全員が気づきをもてるように相談させる

　授業の導入時から，表とグラフを見て，気づきをつないで伝え合う姿があります。つないで発言できるようにするための教師の働きかけに「相談させる」があります。挙手の数が少ないことから相談することが責任でもあることを指導しています。このように相談して全員何らかの気づきをもてるような間をとるために教師が待つことが話し合いを活性化するために必要です。

＊子どもは発言を聴いて，それまでの仲間の発言と関連付けて考えてつなぐ

　C2は，㋓のグラフを見て，集めた種類の多い順番を話しています。また，㋑のグラフを見て，集めた数の多い人の順番を話しています。このC2の発言をC3がわかりやすくします。C3は集めた種類について，一番多い牛乳パックが19個で，一番少ないのがスチール缶8個というように具体的な数量

を話しています。さらにＣ４は，Ｃ３の発言に関連付けて，一番多い牛乳パックと一番少ないアルミ缶の差が11個であることを話しています。Ｃ５はＣ４の発言を繰り返しつつ，人別で一番多く集めたみさきと一番少なく集めたたくみの差を話しています。

　ここまでの４人の発言は関連しています。これは前に発言した子どもの発言内容を聴いて，関連付けて何が言えるかを考えて次の発言者が話しているからです。このように聴き合えるクラスでは発言の連鎖によって，教師が発問をしなくても指導したい内容を子ども自ら資料と向かい合いながら発見し，伝え合い，その情報を共有することができます。

＊教師は子どもの発言の連鎖を促す働きかけをする
　Ｃ２からＣ５までの発言の間の教師の発言は，「いい発表でした。」「ちがいが出たね。すごいよ。４人がつないでいるよ。」「素晴らしい。」「自分たちでここまでやっているよ。」です。これらの発言は「ほめる」言葉かけばかりです。ほめることが子どもの発言をつなげる潤滑油の役割を果たしています。

　子どもが発言をつないだ後に，教師は子どもの発言を一度とめて，黒板で４人がどんなことを話したかを，クラス全体に問い返しながら確認して整理しました。

②聴き合って，いろいろな気づきを伝え合う

　場面２では，その後に，その他の気づきを子どもが仲間の発言を聴いて考えて伝え合います。

【場面２】

　Ｃ　他にあります。

C9	表で参加した人数で，一番多いのは4年です。集めた数が一番多いのも…わからなくなったのでつなげてください。
C	助けます。
C	C9さんが考えていることわかるよ。
C	わかりました。
T	2つの表を結びつけようとしているよ。
C	俺もわかってきた。
C10	C9さんは参加した人数と集めた数の両方が4年が多いと言ったんだと思う。
C	わかりました。
T	C9さん，いい？　参加者数も，集めた数も4年が多い。
板書	参加した数と集めた数が4年が一番多い。
C11	反対で，1年の人数と集めた数が一番少ない。
T	多いがあれば少ないのがある。
板書	参加した数と集めた数が1年が一番少ない。
C	気づいたことがある。
C	めっちゃ，気づいたことがある。
C	さっきと同じような考えだ。
C	わかった。
C2	3年の人数は4人，2年6人，2年の方が人数多いけど，（集めた）数は3年の方が多い。
C12	6年は5人，3年4人，6年の方が人数多いのに，42個で3年は50個で3年の方がちょっと多い。
T	何が言いたいかというと，人数が多ければたくさん集まるんじゃないんだね。いろいろなことがわかるね。
C5	参加した数の表は5，8，10，4，6，3と少ない。集めた数は，いは2けたになっている。この表のあ，いは数が違う。
T	つまり，…1人1個拾ったら？

C　ならん。
T　1人何個も拾っているから多くなるんだね。
　　これは1年から6年の表だね。これは3年だけに注目。何かわかることない？
C11　(表⒤を指して)集めた数は㋛も50個になっている。こっち（㋓）たしたら50個になるはず。
C　同じです。
T　「同じです」の子は，もう一度言って。この子の言ったことは素晴らしいです。
C13　表では3年は50個です。だから，このグラフの数をたして50個になる。
C　付け足しです。
T　もう1つ言ったね。
C　C11さんは，4人の集めた数はたしても50個になると言いました。
T　確かめるよ。
C　本当だ。
T　次，ここは？
C　本当だ。

＊途中までの発言を共感的に聴いて，つなげる

　C9が「参加した人数が一番多いのが4年で，集めた数が一番多いのも…」と途中でわからなくなった時に，「助けます。」「C9さんが考えていることわかるよ。」と言いたいことを考えながら聴いている子どもが反応しています。教師は「2つの表を結びつけようとしているよ。」とC9の見方を伝えると，さらに「俺もわかってきた。」というつぶやきも聞こえてきて，C9の言いたいことがわかる子どもが増えてきています。この後に，C10が「参加した人数も集めた個数も4年が一番多い」とC9さんが言いたかった

ことをまとめてくれました。これを教師はC9に確認してから板書しています。

＊2つの表を関連付けて読み取ったことを伝え合う
　C9が2つの表を関連付けています。C9の発言を全員のものにしたために，C11からの子どもの発言もC9の考えに関連付けて他にも言えることはないかを考え始めた子どもが出てきます。C11は一番少ない参加者の学年と一番少ない集めた個数の学年が1年で同じことを話します。
　すると，さらに「気づいたことがある。」「めっちゃ，気づいたことがある。」「さっきと同じような考えだ。」「わかった。」というつぶやきが出されます。
　このようなつぶやきの連鎖も教師が少し待って間をとっていることから生まれます。C2は，人数は2年が多く，集めた個数は3年が多いと，2年と3年を比べてわかったことを話しています。すると，C12が3年と6年を比べて，6年は人数が多いのに，集めた個数は3年の方が多いことを指摘しています。きっとC12は，C2が2年との対比で3年が人数が少なくて集めた個数が多いということを聴いて，この見方で同じことがまだ他の学年でも言えないかを考えたからです。友達の見方を取り込んで考えた結果わかったことを伝えています。これも対話的学びです。

＊クラス全体の対話的学びの成立には，聴き合えるクラスづくりが大切
　子どもどうしの発言だけでは指導内容をカバーしきれないことはあります。この授業でも教師から「これは1年から6年の表だね。これは3年だけに注目。何かわかることない？」と3年に注目させて表とグラフの関連性を考えさせるように「方向づける」発問がなされました。しかし大切なことはこの発言の前までに，たっぷり子どもどうしが2つの表や2つのグラフからわかることを自発的に伝え合っていることです。

3 学びを確かめる振り返りの工夫

　学習を振り返ることは，新しい知識を既有知識とつなげて，次にできそうなことを考えることも含まれます。振り返りの仕方の指導も子どもの主体的な学びを育成するために大切です。

❶視点を与えて振り返らせる

　学習を振り返る視点を与えて，いくつかの視点で振り返りを書かせるようにします。この時，単に視点を与えるのではなく，もたせたい視点を子どもに気づかせるようにすると効果的です。その方法は，教師が振り返りモデル（仮想の振り返り）を書いて，それを子どもに読ませてどんな視点がそこに含まれているのかを読み取らせるやり方です。

①振り返りの視点と振り返りの指導の仕方

＊振り返りの視点（石田・神田，2012）
①１時間の学習での学びの変容について
・分かったこと・大切だと思ったこと
・できるようになったこと
・発見までの道筋
②算数的な考えの気づきについて
・前の学習と比べて気づいたこと
・役に立った考えや方法
・「は・か・せ・ど・ん」はどれか
③学んだことを広げ深めることについて
・次に調べたいこと・チャレンジ問題づくり
・学習したことを生活の中から見つけること

④学び合いでの変容について
・友達のよい考え・友達から学んだこと
・学び合いでの自分や仲間の進歩
・説明をよりよくすること

・振り返りの指導の仕方
1　ある単元で，授業の最後の3分間で必ず振り返りをします。
2　単元導入の数時間は，振り返りのモデル（資料参照）を見せて，どんな視点があるかを気づかせて，振り返りの視点を与えます。
3　振り返りの視点を自分でいくつか選んで振り返りを書かせます。はじめのうちは書く視点を指示します。
4　単元の終わりには，自分の振り返りをもう一度読ませて，どんな学びをしたかを振り返るとともに，書く力の成長を実感させます。

---

②振り返りのモデルを用いた指導例

　次のページの資料は，5年「三角形四角形の面積」の単元の第1時（直角三角形の面積）と，第3時（三角形の面積公式）で与えた「振り返り」のモデルです。それぞれ振り返りの視点を含めて作られています。
　第1時のモデルを使って，どんな振り返りの視点があるかを子どもに教えるために使います。教師から「どんな点についてひろとさんは振り返りを書いていますか？　話し合いましょう。」というように，第1時の授業の最後の5分を使って，振り返り指導をします。第2時と第3時のモデル（第2時は略）は，子どもが振り返りを書いた後に，このモデルをプリントに印刷したものを配付して，「先生はこのような振り返りを書いて欲しかった」と子どもに自分の書いた振り返りと比べさせて，振り返る力を育てます。

参考文献
石田淳一・神田恵子『子どももクラスも変わる！「学び合い」のある算数授業』明治図書　2012年

|資料| 第1時と第3時の振り返りのモデル

|第1時|　ひろとのふり返り

（ふ）直角三角形の面積は、長方形の面積をもとにして求めることができました。
　みらいさんは、面積2倍の長方形に変えて考え、つばさんは、面積が同じ長方形に変えて考えました。みらいさんの考えを使うと、長方形の面積の半分になるから、長角三角形の面積はたて×横÷2で求められるで分かりやすいと思いました。
　習った長方形に形を変えると面積が求められ、おもしろかったです。次は、ふつうの三角形の面積の求め方を考えたいです。

- ┄┄ 根拠としての既習事項
- ┄┄ 役立った考え（倍積変形・等積変形）
- ┄┄ 公式につながるわかりやすい考え
- ┄┄ 次に調べたいこと

|第2時|　つばさのふり返り

（ふ）今日の勉強で、公式のつくり方や公式の意味が分かりました。公式は、かんたんな式になった面積2倍の長方形に変える方法をもとに、測ったところを言葉にして作りました。長方形の横にあたる部分が三角形の底辺、たてにあたる部分が三角形の高さだから、三角形の面積の公式が、底辺×高さ÷2であることを見つけました。
　次は、平行四辺形の面積をいろいろな方法で求めて、平行四辺形の面積の公式も見つけたいです。

- ┄┄ わかったこと
- ┄┄ 公式づくりの方法
- ┄┄ 公式の意味の説明
- ┄┄ 学んだことを活かして次にできること，次に調べたいこと

書かせた振り返りのよいものを，子どもたちに紹介する場を設けることも大切です。前時の友達の振り返りを読むことから授業を始めると，復習になるだけでなく，友達の学びをクラス全体で共有する機会になります。

　例えば，次のプリントは，ひし形の面積の授業の振り返りを，次時の授業前に復習として読ませるためにまとめたものです。振り返りの中身が豊かになっているので，子ども自身，自分たちの進歩を自覚できます。

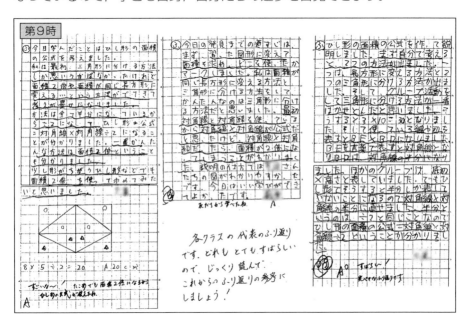

❷算数シナリオで学び合う力を育てる

①算数シナリオとは

　新しい知識を使える知識にするには，既習知識と関連付けられる必要があります。その１つの方法が算数シナリオを書かせることです。授業後に，１時間の授業を振り返って自分の学びやクラス全体の学びをまとめる「算数シナリオ」を，単元を決めて書かせるとよいです。授業の１時間を振り返って，どんな問題が出され，どのような考えが発表され，友達がどのようにつないでいったのかを詳しくまとめさせます。シナリオづくりは本時の授業を振り返り，授業をもっとよくできないかという願いをもって子どもが作成します。子どもが算数シナリオを作ることは，授業の内容理解の定着だけでなく，授業の進め方や学び合いを振り返り，次の授業をもっと主体的・協働的に行うことを目指そうとする態度の育成にも役立ちます。

②比の利用の授業後のＮ子の算数シナリオ

　Part1「２　能動的な学びをする子どもの姿とは」（p.12参照）で述べた６年の比の利用の授業後のＮ子の算数シナリオを紹介します。

＊目指す授業像に向けて自分たちの学び合いを振り返る
　実際の授業を振り返り，自分たちの授業をもとに，みんなで算数をつくることを目指した授業を考えてシナリオを作っています。目指す授業像を反映し，自分たちの授業を改善して授業記録ふうに学びを振り返っています。

＊授業の学び合いの再現
　算数シナリオは，授業で行われた学び合いを教師と子どもの発話で再現しながら，改善できるところは改善して，子どもにとってよりよい学び合いの

算数授業をつくったものです。子どもが自ら進める授業，聴いて考えてつなぐ授業が実際の授業でも行われていましたが，算数シナリオにも実際行われた授業が再現され，大切だと考える自分たちの学び合いの姿が落ちなく記述できています。

- 問題1の気づきでは，前時の問題とのちがい，本時の問題の解法の見通しが書かれ，問題1の線分図表現が再現されています。
- 問題1をグループで学習することや話し合いの開始の提案に続き，授業で発表された3つの解法がシナリオに詳しく書かれています。
- 発表後の3つの解法の比較検討，問題2の解法の発表が書かれています。
- 2つの問題を振り返り，3つの方法が使えるけれど，全体を1とみる方法は，式が少なくて簡単であると評価が書かれています。
- まとめを提案するなど，自分たちで進める授業を目指していることがわかります。振り返りでは，学び合いでできたこと，次にしたいことが書かれています。

＊よりよい話し合いを目指す

　授業で行われた話し合いをもっとよくしたいという願いをもってシナリオを書いているので，実際の授業での自らの発言を改善したり，仲間の発言を改善したりする箇所も見られます。

- 問題1についてはグループで考えた3つの方法が，根拠を加えるなど詳しく書かれていて，仲間の解法も取り入れて理解していることがわかります。
- 解法の話し合いでは，自分たちのグループの解法の別解が他のグループの解法をもとに気づいたことが書かれていて，これは授業ではなかった発言です。自己変容の記述が見られます。
- 問題2については授業では時間的制約のため，2通りの解法をノートに書いていましたが，このシナリオでは3つの解法を詳しく書いています。

資料　N子の算数シナリオ

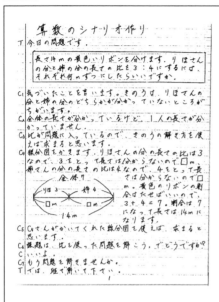

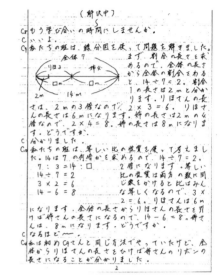

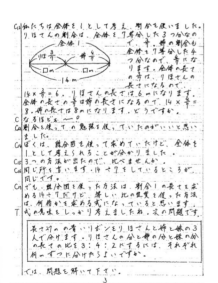

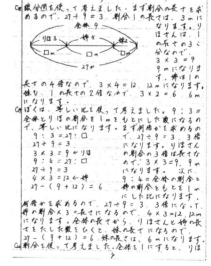

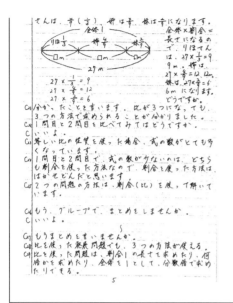
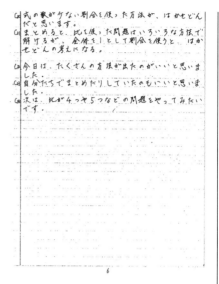

比の利用の授業の板書

Part3 主体的・協働的な学びを育てる！算数授業づくり10のコツ

　算数授業で算数の内容を教えることだけでなく，子どもが自ら算数の内容を仲間と協働的に学ぶ力を育てることが求められています。学び合いの授業をスタートするための算数授業づくり10のコツを説明します。

1　環境づくり

　子どもどうしの対話的学びを促進するために，教室の物理的空間を学び合いがしやすいように変えることと学習形態にグループ学習を取り入れることが大切です。

❶学び合いの教室空間にする　コツ1

　子どもたちが育ち，関係性もよくなれば，どんな環境においても学び合いは行われます。しかし，学び合いをスタートさせようとした時に，学び合いにふさわしい環境をつくることから始めることも有効です。まずは，黒板の前の教卓を取り除きましょう。

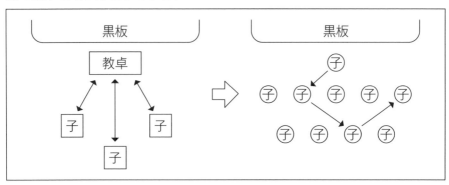

黒板と子どもたちの机の間に教卓を置くことで隔たりを作ってしまいます。教卓は基本的には先生のものであり，先生が教卓のところに立って子どもたちを指導するという関係性があります。先生が発した問いに，子どもたちが答えるという一方向のものになりがちです。もし，教卓がなかったら，指導者と指導を受ける者との関係性から解き放たれるだけでなく，黒板の前に空間が生まれます。その空間は，子どもたちが集まる学びのステージです。子どもたちが前に出て黒板を使って説明したりする場であり，後ろの席の子どもたちを学び合いに参加しやすくしたりするための集まる場でもあります。

　子どもの机が一つ一つ離れていてはどうでしょう。相談したり算数トークしたりしにくいうえに，心理的距離も遠くなります。机がぴったりくっついていることは，物理的距離だけでなく親しみを感じるために重要です。机の配置の仕方は，人数や目的に応じて工夫できます。

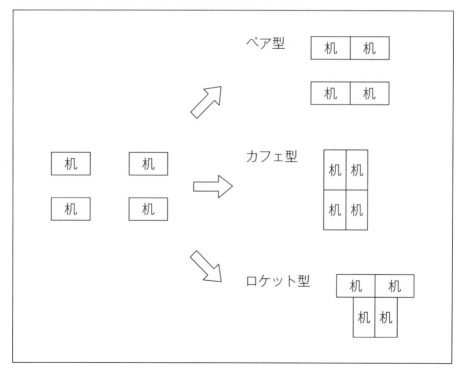

❷グループ学習の取り入れ方を考える コツ2
①グループ学習の2つのタイプ

　グループ学習を取り入れた算数授業を継続して行うことで，グループ学習の質を高めることができます。グループ学習には，5つの役割（石田・神田,2015）があり，これらの機能をうまく活かして対話的学びを仕組むことが大切です。

＊グループ学習の5つの役割
・分からないことを仲間に質問し，仲間の説明を聞いて理解できる
・いっしょに考え，解決や発見を仲間と共有できる
・多様に考えたり，その方法を評価したりしてよりよい方法を選択できる
・仲間が分かるようによりよい説明を考える
・問題解決を振り返り，新しい発見を探そうとする

　さて，これまでの算数授業に取り入れられているグループ学習をみると，2つのタイプ（AとB）があるようです。
　タイプAは，グループで最初からメンバーがアイデアを出し合い，グループ内でよいアイデアを選んでそれをもとに解法をいっしょに作ります。その後，メンバーで妥当性，表現を検討し，さらに発見がないか検討し，時間があれば発表のための説明練習をします。
　他方，タイプBは，個人学習（自力解決）後にグループを形成し，メンバーに各自の考えを報告し合い，考えの幅を広げようとするものです。しかし，時間的に紹介で終わってしまうことが多いようです。自力解決できなかった

参考文献
石田淳一・神田恵子『「学び合い」を楽しみ深める！グループ学習を取り入れた算数授業』明治図書　2015年

子どもはその交流の間，仲間の説明を聞くだけになります。この交流後にメンバーの多様な考えを比較検討できるようになるとよいでしょう。

　一般的な算数授業としてはタイプBが多いようですが，タイプAとタイプBでは大きく違います。目的に応じて使い分けるのがよいです。本書で取り上げるグループ学習はタイプAになります。

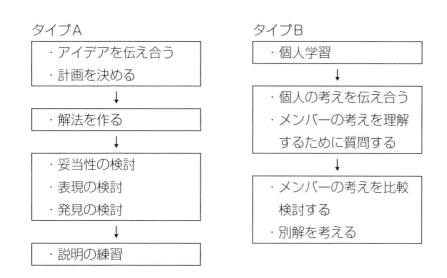

②計画的なグループのメンバー編成

　学び合いを活性化するために，グループ学習を取り入れるとよいです。グループ内での学び合いの成立には，メンバー構成が作用します。グループ学習では教師の指導や支援が常時なくても学びが行われることが前提なので，グループ学習の仕方を子どもたちと共有し，約束を作っておくことが大切です。誰とでもどんなメンバーとでもグループ学習が活発に行われ，充実した学び合いが生まれるように，指導していかねばなりませんが，通常は，メンバーによっては学びが進まなかったり，1つのグループだけ取り残されたりすることが起こります。クラスには，さまざまな能力をもち性格も多様な子

どもたちがいる中で，よりよい関係を結び，互いによい影響をし合えるメンバーの方が，安心して学習に取り組めます。グループを引っ張っていくような存在の子どもも必要です。グループであまり能力に差が出ないように構成することも必要です。クラスの実情を考え，3，4人のグループ学習がスムーズにできるようなメンバー構成を，計画的に行っていきます。

③グループ学習の4つの形態

　グループ学習には，以下の4つの形態があります。
　・グループ相談…考えを話し合い，自分の考えに役立てたり深めたりする
　・グループ交流…自分の考えを伝え合い，友達の考えを知り広める
　・グループ解決…友達といっしょに解法を作り，解決を図る
　・グループ隊形による個人学習…個人で問題に取り組みながら，解法を確かめたり教え合ったりする
　これら4つの学習形態を，ねらいに応じて1時間の授業展開に取り入れます。
　グループ相談は，全員を考える土台に乗せるために短時間（10秒から1分間）で子どもの実態に応じて何度でも取り入れます。子どもたちが自信のない表情であったり，挙手の数が少なかったりした場合に有効です。相談しても「わかった！」にならない場合もありますが，相談後は，途中でもはっきりしなくても，相談したことを報告するという意味で全員が挙手するように約束します。どうしても指名されるのがいやならば，ハンドサイン（自信がない場合はグーで）を用いて挙手させます。
　グループ交流は，個人解決後にグループ隊形になり自分の考えを紹介し合う際に取り入れます。多様な考えが出る問題や，複数の解法が見通しで出されて取り組んだ場合に取り入れると，自分が思いつかなかった解法や考えを知ることができます。ノートのまとめや振り返りを書いたものを見せ合い，友達の考えのよさに気づかせる時にも取り入れます。

グループ解決は，個人解決するには少し抵抗を感じる問題の時に，グループで取り組ませます。全体で見通しを話し合った後に，話し合われたいくつかの見通しのどれを用いるかをグループで選択して解決させる場合や，見通しをもたずに最初からグループに任せる場合，課題選択をしてグループ解決させる場合などがあります。問題１でグループ解決を行い，問題２を個人解決させる場合，問題１を全体で学び，問題２をグループ解決，問題３の発展問題を個人解決させる場合，問題１を全体で学び，問題２を個人解決，問題３をグループ解決させる場合など，授業のどの問題で取り入れるかも，授業設計には欠かせません。

　グループ隊形による個人学習は，個人学習をしながらも必要な時に友達と相談や教え合いがしやすいので便利です。テストとして評価したい場合には机を離すべきですが，毎時間の授業の中で，孤立させ自分だけでできるようになることを求められるのは苦しい子どもが何人もいるのではないでしょうか。評価することは，教師にとっては子どもの状態を知り自分の授業を振り返る際に有効ですが，友達に教えてもらってできたり，答えを確かめて安心したり，間違っている場合にはすぐに間違いの原因を考え直したりする方が，子どもたちの意欲が高まります。

　また，正解かどうかの○つけを常に教師にゆだねたり，全体解決を待ったりするのではなく，自分たちで解決できる時には，できるところまでを行ったり，わからない時には，わかるまで友達に聴いたりする子どもを育てていくべきだと考えます。

④グループ学習の仕方の指導

＊グループ学習の約束
　グループ学習の約束は明示して指導します。グループ学習の前に，以下の約束をホワイトボードか紙に書いて，確認してからグループ学習へ入るとよいでしょう。

・メンバー全員で考えを出し合う
・わからないことをきく
・よりよい考えを見つける
・メンバー全員が納得したり説明したりできるように話し合う

*グループ学習を授業に取り入れて，継続的に指導する
　４人グループのグループ学習を算数授業の中に取り入れて，継続的に指導すれば，グループ学習の質が高まってきます。そのためには継続的に育てる必要がありますが，そんなに時間はかかりません。グループ学習の中で，互いに考えを出し合い，聴き合い，多様な考えに触れて，比較検討し，よりよい考えを見つけるようになります。はじめのうちは話す子，聴く子と分かれますが，聴く子でも聴きながら考えていることに注目すべきです。グループ学習が自分や仲間の学習の成長に役立つことを子どもが実感できるようにすること，定期的にグループ学習の仕方を振り返らせることが大切です。

*グループ学習の進め方
　授業の展開同様にグループ学習の進め方を指導することが大切です。
　・机を合わせて顔を見合おう
　・誰かが口火をきろう
　・メンバー全員を意識して話そう
　・様子を見て友達を気にかけよう
　・異なる意見を話題にしてよりよい考えについて話し合う
　・自分たちの意見をまとめよう
　・学び合いや今日の学習を振り返ろう

*解法の方針を指示して取り組ませる
　いつも方針を指示する必要はありません。必要な場合，むしろ特定の方法を指示してグループ学習に取り組ませることが有効なことがあります。学ん

だ解法のうち，より大切な解法を全員に習得させるためのグループ学習であれば，学ばせたい解法を指示してホワイトボードに書かせてまとめさせるとよいです。

＊グループ学習後の挙手
　グループ学習では，メンバー全員がグループの考えを理解し，説明できるようにすることを目指します。したがって，グループの発表場面では全員が手を挙げるように指導することが必要です。ペア相談をしたらペアで手を挙げるのと同じです。自分がクラスの一員であることを自覚させるためにも必要です。

＊グループ学習の振り返り
　グループ学習を取り入れ始めた時期は，時々，グループ学習の約束が実行できたかどうかをグループ内で話し合う時間をとるとよいです。達成できた点，課題となる点を子どもが自覚し，次のグループ学習の改善につながるからです。授業では，「みんなが話せたか？」「わからないことをきいたか？」「よりよい考えや表現を見つけようとしたか？」「説明練習ができたか？」を振り返らせる場合があります。授業の振り返りの１項目にグループ学習でできたこと，できなかったことを書かせるのもよいでしょう。

学びの教室空間

2 授業づくり

　子どもが自発的に算数相談できること，自分たちで授業を運営すること，仲間の考えを聴いて考え伝えること，学びの振り返りを行うことを教えます。また，学び合いの授業に大切な教師の役割を説明します。

❶間をとって，相談や算数トークが自然にできる指導をする コツ3

　相談は，考えがもてない場合に友達にきいたり，考えに自信がもてない場合に話し合い，友達に考えを伝え合うことで自信につながったりするので，算数や発表が苦手な子どもにとって，ワンクッションが入り授業に参加しやすくなります。考えがあってもぼんやりしている場合に，声に出すことで考えが整理され明確になる場合や，友達の考えを知ってさらに深まる場合もあります。算数トークは，算数に関する気づきや発見などを口に出して，表現することでヒントをもらったり新たな発見や追究意欲が生まれたりして能動的な姿勢を育てます。

　大切なのは，最初のうちは「相談しなさい。」「気づいたことを伝え合いなさい。」と指示していても，次第に指示されなくても必要な時に子どもたちどうしが相談したり算数トークをしたりするように育てることです。日頃から，「困った時には，相談していいよ。」「友達に考えをもらっておいで。」「考えを伝えてわかってもらえるってうれしいね。」「気づいたことをどんどん伝えると賢くなるよ。」「みんなで伸びていこう。」などと言葉かけをするといいです。友達に教えてあげたり支えたりしている姿を見つけて，「○○さんは支えてくれたんだね。ありがとう。」「みんなで賢くなろうとしていてうれしいなあ。」と喜びます。

　相談や算数トークが自発的に行われると，支持的風土が高まりクラスの雰囲気がよくなります。

❷子どもが自分たちで授業をつくるための学び合いの指導をする コツ4

　学び合いの指導には，子どもが自ら授業を進められるようにすること，話し合い場面で，自分たちで主体的な話し合いができるようにすることなどがあります。

　子どもは教師の指示や問いを待っていないでしょうか？　これは自分たちで主体的に何をすべきか判断して，自ら動いてよいことを知らないからです。教師自身，子どもに指示したり，発問したり，説明したりすることが役割だと考えていないでしょうか？　全部を否定するものではありませんが，しなくてもよい指示や発問を繰り返していることはないでしょうか？　もし，子ども自身で考え，行動できそうな指示や発問があれば子どもの側に任せられるように指導すればよいです。

①自分たちで授業を進められるようにする指導で教えること

　まず，子どもに授業の進め方を教えて，共有してください。そして，授業の運営をしてよいことを教えてください。

　例えば，問題が提示されたら，気づきを考えて伝えること，見通しを考え，伝え合い，クラスで共有すること，見通しの共有ができたら問題に取り組み始めること，問題を解き終わったら話し合いを始めること，授業の中で困っている仲間が多そうな時には相談すること，いくつかの解法の発表を聴いたら比較検討をすること，まとめを作ることなど，子どもが主体的に授業を自分たちでつくるために，すべきことを提案してよいことを教えます。

＊気づきを話す

　問題が提示されたら，それだけで教師が何も言わなくても，既習知識と関連付けてわかることや問題の特徴，求答事項，既習問題とのちがいなど，気づいたことを伝え合うことを指導します。

気づきを伝え合うことは教えればすぐにできるようになります。それができるようになったら，どんな視点で気づきを言えばよいかを指導するとよいです。

＊次を考える（問われなくても自分たちで問えることを考えて話す）
　教師が予定された活動を指示したり，発問したりする時に，間をとって次にすべきことを子ども自身に考えさせるようにすると，子どもは何をすべきかを考え始め，次第に自分たちで「○○をします。」という発言ができるようになります。授業の進め方を子どもと教師が共有し，子どもが教師の発問を待たずに，自発的に学習の進行に従って，行動し，提案できるような力を育てることが大切です。
　例えば，「気づきを言います。」「図をかきます。」「式を言います。」「見通しを言います。」「課題を考えませんか。」「問題に取り組みませんか。」「そろそろ発表しませんか。」「提示されたホワイトボードを見て質問や意見はありませんか。」「比べてみませんか。」「まとめを作りましょう。」など，算数授業の進め方が子どもに理解されていると，教師が発問しなくても自分たちで授業をつくることができるようになります。

＊問題を作る
　いつも教師が問題を与えるのではなく，問題を自分たちで見つけて問題を作って提案してよいことを教えます。問題1の後の問題2を子どもが考えることもできます。問題の条件を変えることで発展的問題ができることを教えることも大切です。
　算数ではほとんどが既習の問題とつながっているので，既習の問題の条件を変更することで，本時の問題を作ることができます。その場合，既習の問題のどこをどう変えれば本時の問題が作れそうかを子どもに問い，発展的問題づくりをさせる経験をもたせることは大切です。これは数学的な考え方の指導になるからです。

＊課題を考え，提案する

　問題の気づきや見通しなどの伝え合いの後に，何を自分たちの課題としたいかを考え，課題を作ることができるようになるとよいです。「課題を作りましょう。」とはじめは問いますが，次第に子どもに課題を自分たちで提案できるように指導します。グループで相談させてもよいです。自分事の学習への自覚をする場面でもあるので，どんなことを学びたいのかを静かに考えさせる間が必要です。

＊まとめを考え，作る

　まとめる活動は，問題1や問題2を学習した後に，本時の学習内容をまとめる場面がくることがわかっているなら，子どもが「自分たちでまとめましょう。」と提案できるように指導します。授業では学び合いの指導のために，「ここまでできたら何をするの？」と教師がたずね，子どもにまとめることを気づかせることができます。

②学び合いを教えること

　話し合いを活性化させるための具体的な指導があまりなされていないのではないでしょうか？　例えば，仲間を見て自分の考えを話すということで言えば，教師や黒板に向かって話していないかチェックする必要があります。これは仲間に向かって自分の考えをはっきりと伝えることを指導していないためです。

　話し合いを活性化させるのは，聴き方・話し方の指導だけでなく，学び合いについて，算数科に限らず，大切な事柄を一通り子どもが知る必要があります。

　以下のことは子どもが話し合い場面で何をすべきかを知っていればできることです。何をすべきかを普段の授業の中で指導することが大切です。

＊前に出て黒板を使って仲間に話す
　子どもが自分や仲間の考えを説明する時に，黒板を使って説明することで，考えを伝えやすくなることを理解させます。教師が板書する場合も，子どもの横で板書します。

＊仲間を意識して話す
　仲間の方を向いて話すことで，自分の考えが伝わっているかが仲間の表情やしぐさからわかるからです。

＊聴いてわからなければ質問する
　話を聴いていてわからない時や疑問が生じた時は，わからないを伝えて，もう一度説明を言ってもらうように要請できるようにします。

＊複数の考えを比べる
　いろいろな考えが黒板に出されて説明を聴いたら，それを比べて，同じところや違うところを考えて，その気づきを伝え合うこと，また関連付けられないかを考えること，解法の工夫やよい点を考えることなど，出された解法をめあての答えを得るための考える対象なんだという意識をもたせます。

＊学習しやすい場所に動く
　ホワイトボードが黒板に出されたら，後ろの子どもは黒板の前に移動するなど，自分たちがホワイトボードを使って話し合いがしやすい場所に自分の判断で動いてよいことを子どもに指導します。

＊ホワイトボードを見て気づきを伝え合う
　グループ学習の後に黒板に出されたホワイトボードを見て，どんなことをしたらよいかを子どもに指導しなければ，子どもが自ら動き出しません。まず，眺めて他のグループの解法を読み解く活動があります。続いて，疑問や

質問が生まれるかもしれません。また「答えが同じかな？」「どんな方法が他にあるのかな？」「図表現や言葉の説明の工夫があるかな？」など，見て考える視点を指導することが話し合いのための前提になります。

＊リレー説明
　グループ学習後の発表場面では，グループのメンバー全員が前に出て，順番に自分たちの考えを説明できるように指導するとよいです。これはメンバー全員がグループ学習の中で自分たちの考えを説明できるようにするという目標に連動するからです。

＊話し合う目的を自覚する
　話し合いの場面で，子どもは何のために仲間と対話して学び合うのでしょうか？　例えば，次のような目的をもつかもしれません。
　・個人学習やグループ学習で解決できなかったから仲間の考えをきいてみたい。どこでうまくいかなかったのかを考えたい。どうすればうまくいくのかを考えたい。
　・式を作ろうとしてうまくできなかったので，みんなの問題としたい。
　・問題を解きながら新しい発見があったので知らせたい。
　・いろいろな解法を比べてよりよい解法を見つけたい。
　しかしながら，集団解決としての話し合い場面がとかく解法の発表に終わってしまう授業が多いのも事実です。これは子どもが教師の問いや指示を待っていること，何を話し合えばよいかを自覚していないことなどが考えられます。子ども自身，話し合い活動を通して，何を学びたいのかを明確な目的をもって授業に参加するために，次のようなことを指導するとよいです。
　話し合いの前に，各自が話し合いを通して何について学びたいかの目的意識をもたせる活動を行います。また，話し合い後にどんな学びができたかを振り返りに書かせます。

❸聴き方・話し方の指導をする コツ5

　聴き方・話し方は国語科だけで行っても身につきません。全ての教科において，意図的にすべきだと考えます。目線を話し手に向ける，自然に反応するなどの聴く姿勢も含めて，聴く力・話す力を高めるためには普段の授業の中で機会を捉えて指導するとよいです。

　1学期のうちに，「聴く」ことを徹底的に行います。おへそを話し手に向けてうなずきながら聴くことを徹底し，そのうえで「〇〇さんは〜と言いました。〇〇さんと同じで（違って）…」などと，友達の話したことを要約または繰り返してから自分の考えを述べるようにさせます。さらに，「〇〇さんと〇〇さんの考えにつなげて…」「〇〇さんと〇〇さんと〇〇さんの考えをまとめると…」など，ふくらませたり簡潔にしたりする際に，友達の名前を用いるように促します。時には，「〇〇さんの考えのどこがよかったですか？」「〇〇さんと〇〇さんの考えのちがいは何ですか？」「〇〇さんから〇〇さんまでの説明で共通していることは何ですか？」など，真剣に聴いていなければわからない問いを出します。

　話し方は，「図や式，算数用語などを使ってわかりやすく」「簡潔に」「理由や根拠を明確にして」話せるように，例や型を示したりよい子の話し方を復唱させたりして指導します。聴き手を意識して身体の向きや声の大きさを考えさせるのはもちろんのこと，算数の時間にすべきことは論理的な説明であり的確に伝えることです。ペア活動を行い，全員に表現の機会を保障することも大切です。

　ペアでの説明のし合いには，お手本を示し，立たせて説明をし合わせて説明が終わったペアから座らせるなどの工夫も必要です。「もし…なら」「例えば…」「だったら…」「簡単にして考えると…」など，語り始めの言葉を指導することで，数学的な考え方の指導にもつながります。

　仲間の話を聴く力をつけるには，子どもの5つの聴き方の指導が大切です（石田・神田，2014）。

◆子どもの5つの聴き方
　・友達の考えが正しいか考える…「正しいかな？」
　・友達の考えや思いを想像して共感する…「何を言いたいのかな？」
　　　　　　　　　　　　　　　　　　　　「この考えのよさは何かな？」
　・よりよくできないか考える…「もっとよい方法はないかな？」
　　　　　　　　　　　　　　　「どんな時にも言えないかな？」
　・前の学習やそれまでの友達の考えと関係づけられないか考える…
　　「友達と友達の話につなげられないかな？」「それまでの友達の話をまとめると…」
　・新しい発見や自分の学びの深まりを考える…「学んだことは何かな？」
　　「共通に言えることはないかな？」
　聴き方の指導によって，子どもがつなげるようになると，以下のような子どもの10のつなぎ方ができるようになります（石田・神田，2014）。

◆子どもの10のつなぎ方
　・言い換える…「もう一度言います。」
　・付け加える…「分かりやすく言います。」
　・質問する…「～が分からないんだけど。」
　・異なる意見を表明する…「○○さんは～と言ったけど，…」
　・よりよくする…「～をもっと簡単にできます。」
　・関連づける…「前習った～と似ていて…」
　・評価する…「○○の考えがいつでも使えそうです。」
　・変容・発見を表現する…「最初～と考えていたけど，…の考えになるほどと思いました。」
　・まとめる…「つまり，…」
　・発展させる…「だったら…」

参考文献
石田淳一・神田恵子『聴く・考える・つなぐ力を育てる！「学び合い」の質を高める算数授業』明治図書　2014年

❹学びの実感ができるような振り返る指導をする コツ6

　子どもが授業の振り返りを考えることは自らの成長を実感するためにも大切です。授業の最後，3分から5分間は振り返る活動をさせましょう。本時の学びそのものを板書やノートを見て，振り返らせます。表現方法はさまざまです。じっくりノートに向き合い記述させるだけでなく，ペアやグループになり伝え合いをさせたり，個人の振り返りの後，全体に広めたりする方法があります。

　子どもに振り返りの視点を与えることが必要です。振り返りの視点を与えて，子どもにもたせ，自ら視点をいくつか選んで振り返りが3分程度でノート1ページ分くらい書けるようになるように指導するとよいです。振り返りの視点として，役立った方法や考え，発見を簡潔にまとめさせたり，友達の考えのよいところや自分が成長したことなどを振り返らせたりします。

　そのためには，振り返りのモデル（**Part2**の**3**，p.76参照）を与えて，その中にどんな視点があるかを見つけさせ，それを視点として指導することをした後に，「今日は，○○について書きましょう。」「このキーワードを必ず入れましょう。」などと視点を指定してその視点で書く練習をさせます。最後に自分で振り返りの視点を選んで書けるようにします。

　振り返りの力をつけるために，子どもの振り返りを印刷し，次の授業前に子どもに読ませておくと，これが復習になります。

　学び合いの質を高めるために，学び合いについて振り返ることも，時折行うと効果的です。その際は，よいつなぎ方をした友達の発言とその理由，自分の学びに役立った友達の発言とその理由の2点について書かせます。聴く力が高まり，自分が「できた！　わかった！」ということだけでなく友達に目を向けクラスの成長を見つめることにもつながります。

❺問題提示の工夫をする コツ7

　問題を提示する際に，一工夫することで，子ども自身から課題が生まれたり解決に向けて意欲が高まったりします。言語活動の充実を図ることにもつながります。挿絵，図や表だけを提示すると，子どもたちは見えているものから情報を読み取り表現します。場面を語る中で問題が生まれる場合もあります。問いや問題の一部を隠すことで，問いを考えたり条件を考えたりします。読み聞かせから入り，問題場面の状況を想像させて伝え合いをさせて情報を整理したり，一文ずつ提示して予想させながら問題把握をさせたりもできます。

　子どもたちが課題意識をもったり，何を考えるかが明確になり見通しをもったりするように，子どもの実態にあわせて問題提示の仕方を考えます。問題提示を工夫することで，授業の最初から子どもたちは意欲的に伝え合い学び合いが始まります。

❻つなぐように促す，ゆさぶるなどの働きかけをする コツ8

　聴く力を高め，思考力を育てるためには，教師の働きかけが必要です。一人の子どもが説明して，「わかりました。」で終わったとしたら，本当にわかっている子が何人いるでしょうか？　理解を確かなものにするために，よりよい説明にするために，「わかったことを言いましょう。」「よりよくしましょう。」「わかりやすく説明しましょう。」などと発言に条件をつけます。「同じです。」の反応で済ませることなく，「同じでも自分の言葉で言いましょう。」と発言を促します。慣れてくると，「つなげてください。」と言うだけで，子どもたちは，付け足して詳しく説明したり，わかりやすく簡潔に話したり，ちがいを明らかにしたりするようになります。

　数学的な見方・考え方を育てるために，あえてゆさぶりの発問を行います。「どういうこと？」「どうして？」「これって本当に正しいの？」「どんな時も

言えることは何かな？」「もっとよい方法はないのかな？」などと問い返すことで，立ち止まり考える機会をつくります。すーっと流れそうになったことをあらためて考え直すとさらに思考が深まる場合があるので，教師はその機会を逃さないように努めます。そのために，あらかじめ，ゆさぶり発問を考えておくことも有効です。このように問い返すことのよさを感得すると，子どもたち自身が友達に問うようになります。教師の働きかけとして有効な11の教師の働きかけ・言葉かけをあげておきます。

◆11の教師の働きかけ・言葉かけ

・ほめる

　子どもの学ぶ姿を捉えて即ほめることが大切です。このほめる姿勢が他の子どもにも伝わり，学びの集団を形成します。

・相談させる

　算数授業では，子どもが仲間といつも算数の相談ができることを知らせておくとよいです。

・つなぐことを促す

　つなぐことを促すはとても大切です。つなぐ子どもを育てるには，適宜，教師がつなぐことを子どもに要求しなければなりません。理由を付け足すことを促すことも大切です。もし，発言した子どもが理由を言わない場合には，子どもから「理由をつなげます。」という言葉が出るクラスをつくりましょう。

・繰り返す

　子どもの言葉の中で，キーワードに相当するものが出た場合，教師がそれを繰り返したり，子どもに繰り返すことを要求したりすることが大切です。

・もどす

　授業が進行していても，必要な場合には，教師がある時点にもどすことが必要な場合があります。授業の流れに流されずに，教師が判断することが求められます。

・とめる
　子どもの発言の内容が聴き手にやや難しい場合やよいアイデアが含まれるなどの場合には、「他にあります。」などの発言にかかわらずとめて、注目させたい子どもの発言を全体で理解する間をとったり、相談させて確認させたり、○○さんの考えを他の子どもに言わせるなどするとよいです。

・方向づける
　ねらいに迫る話し合いの方向へ導くためのものです。子どもの話し合いが拡散してしまう場合に、目標にせまる焦点化した話し合いができるように働きかけます。

・ゆさぶる
　あえて異なる考えを示し、本当に正しいのかどうかを判断できるように考えさせます。あるいは2つの考えが出された場合に、対等に扱い教師が価値判断をすぐにしないで整理するだけにとどめます。

・つぶやきを拾う
　子どもは授業中、学びに没頭している時、しばしばつぶやくことがあります。そのつぶやきを教師も子どもも聴き取り、教師がそれをクラス全体に返すことで、個の考えを集団の考えの高め合いに活かすことができます。

・待つ
　授業中に教師は発問し、子どもが解答するＴＣの形式であっても、発問の後にしばらく間をとり、教師が待つことが大切です。この間、子どもの様子を見ていると、算数トークをしている姿もわかります。また困った顔の子どもがいることもわかります。すぐに反応した子どもを指名するのではなく、少し間をとって待つことが大切です。待つことで自発的相談が始まり、自信のない子どもも確かめ合う算数トークを行うことができます。

・安心させる・励ます
　子どもに自信をもたせ勇気づけるために、「途中まででもいいよ。」「間違えてもいいんだよ。」などと声をかけます。自信がなくて挙手しなかったりうつむいていたりする子どもには、「ノートに書いてあることを言えばいい

よ。」「誰かがきっとつなげてくれるよ。」と挙手を促します。少しでも意欲が見られたら，しようとしている姿を捉えて認めます。

❼解法の取り上げ方の工夫をする　コツ9

　解法の取り上げ方は，一斉提示や一つ一つを提示していくなどいろいろありますが，子どもたちの様子や本時で何をねらうかによって，取り上げ方を工夫できます。また，提示された全ての解法について説明させる場合もありますが，理解しにくい解法やほとんどの子どもが行っていない解法に絞って説明させたり，途中までの解法や間違えている解法について話し合ったりさせるなど，どの解法を重点的に取り上げるかを考えます。授業設計の段階で，つまずきや子どもの考えを予想し，取り上げ方を考えておき，子どもたちの解答状況を見て，瞬時に判断し方向性を決めることも重要になります。

　全員が同じ問題を解けている場合は，ペアで確認したり説明し合わせたりするだけで，全員で確認する必要がない場合もあります。自分や仲間が行った解法を説明するのではなく，友達の解法を見て説明させたり，提示された解法を読み取り，わからないものだけを質問させ，説明させたりすることもできます。

　多くの解法が並ぶほど，一つ一つを確実に理解することは難しくなるので，絞ることが大切です。ホワイトボードなどで提示された解法で同じものがあれば，代表的な解法やわかりやすく表現されている解法だけを残して，あとは下に降ろすなどして見やすくする工夫も必要になります。

❽話し合い場面で全員参加のもと，比べる活動をする　コツ10

　複数の解法を眺めて，同じところ，違うところを見つけたり，よりよい考えについて考えたりすることは，本時の課題にせまるための大切な活動です。2つ以上の異なる解法がある場合は比べることを子どもと共通の約束にして

おくとよいです。

　比べる活動は，授業のあらゆる場面で仕組めます。本時の問題を見て前時問題と比べることは，気づきを話す場面ででき，解法の見通しにつながります。話し合い場面では，友達の発言を聴いて自分の考えと比べることや，友達と友達の発言を聴いて比べることを聴き方指導で行っていきます。また，問題1と問題2を比べることや，本時の解法と前時までの解法を比べることも行っていくと，本時の学びが確かなものになります。比べる活動は数学的な見方・考え方の指導にもなるので，授業設計の段階で仕組み，比べ方を指導し根気強くやり続けるとよいです。最初のうちは数人しか挙手できなくても，相談することを繰り返し，比べることの大切さとよさを全員のものにしていきます。

黒板の前に集まって話し合う

顔を突き合わせて学び合う

Part4 実践例ですぐわかる！アクティブ・ラーニングの授業づくり

1 3つの視点を取り入れたアクティブ・ラーニングの授業

　45分の授業展開に即してPart1の3で述べたアクティブ・ラーニングを実現する算数授業改善のポイントについて6年「速さの応用」の授業を例に，具体的に解説します。

6年　仕事の速さ

　この授業で取り上げたのは次の問題です。

問題　どちらのプリンターが速く印刷できますか？
　　　プリンターA　　1時間　　4500枚
　　　プリンターB　　5分　　　500枚

---

❶能動的問題把握のための問題提示を工夫する　ポイント1 *

　能動的問題把握の1つの方法は，数値情報を与えずに，子どもの生活経験や学習経験を活かして，「もし○なら，○の方が速く印刷できる」という例を考える活動を仕組むものです。

＊本書 pp.18－20のポイント1〜ポイント7に対応しています。

まず,挿絵だけを見せて,どちらが速く印刷できるかを問います。

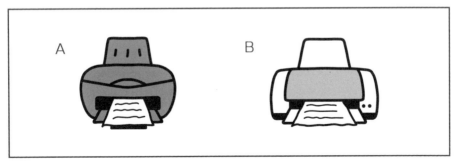

　子どもからは当然,「これだけではわからない。」が出ます。そこで,教師がどんな情報が必要かを問えば,「1分間に何枚印刷できるかが知りたい。」と答えが返ってきます。そこで,時間と枚数の情報が必要なことを確認します。大切なことは,問題解決に必要な条件が何であるかを考えることにより,問題場面を理解させるということです。挿絵は,子ども自身で問題条件を考える時に問題場面をイメージしやすくします。

❷問題解決の見通しをもたせる ポイント2

　見通しをもたせることは全ての子どもが学習に取り組めるようにするために大切です。問題解決に,時間と枚数の情報が必要であることがわかった後に,教師から問題条件を提示して,全員が見通しをもつために,見通しを相談する時間をとって,クラス全体で見通しを出し合い,黒板に教師が見通しを整理してから,問題に取り組ませることがあります。
　この授業では,例を作ることで見通しをもたせるようにしました。つまり,教師が「例えばを使って,具体的に言えませんか?」と問い,子どもが具体的な数値で例を作って,どちらが速いかを説明する活動です。当然このような経験がなければ,子どもは一人ですぐに例を作ることは困難です。そこで,「1分間,相談しましょう。」と相談させることが必要になります。
　事例3に,あるペアの1分間の相談の対話をまとめました。

|事例3| 相互作用を生み出すペア相談

J子	K子
①例えば，Aが1分間で10枚，Bが1分間で5枚としたら，Aの方が速い。	
	②そうだったら，1枚印刷するのに，どれだけかかるかもできる。
③1枚印刷するのに，何秒かかるかということ？	
	④もし，例えば，Aが1枚印刷するのに，
⑤0.1秒で，	
	⑥速すぎるよ。
⑦1秒なら	
	⑧1秒で，
⑨1秒で，Bが1枚2秒だったら，Aの方が速く印刷できる。	

例を作るペア相談

　この相談の後のクラス全体での話し合いの様子を次の授業記録から読み取ってみましょう。

C1　僕たちは，Aが1分間で5枚印刷し，Bが1分間で3枚印刷できるなら，Aの方が速く印刷できる。と考えました。
 T　受け止めよう。
C2　例えば，Aが1秒3枚で1分で180枚印刷できる。Bが1秒5枚で1分間に300枚印刷できる。
 C　だから…
C2　Bの方が速く印刷できる。
C3　1分間の枚数が多かったら，もう1つの1分間の枚数が少なかったらとして，最初の方が速い。
 T　C3さんの言いたいこと，言えるってこと大事だよ。
C4　同じ時間内に多く印刷できる方が速く印刷できる。
 T　C3さん，いい？
　　具体的に数を使って例を作ることは大事です。まとめたのがC3さん。C4さんは何と言った？
 C　同じ時間なら枚数が多い方が速い。
 板書　「同じ時間なら枚数が多い方が速い。」
 T　この例（C1）ならどちらが速い？
 C　A
 T　この例（C2）ならどちらが速い？
 C　B
 T　この言い方，同じ時間ならだけ？
C5　同じ枚数なら時間が少ない方が速い。
 T　もう一度言いましょう。
C6　例えば，Aのプリンターが1枚1秒かかり，Bのプリンターが1枚2秒かかるなら，Aの方が速く印刷できる。
 T　この言い方を言ってみましょう。
 C　同じ枚数なら時間が短い方が，仕事が速い。

相談後に，C1は「僕たちは」と言って，C1が自分たちで考えた結果を代表して話しています。協働的学びの姿です。このペアは「1分間にそろえる考え」で例を作りました。これを教師は「受け止めよう。」と促して，友達の考えを温かく聴くという聴き方指導をしているのです。これを聴いたC2は「1秒でそろえる考え」で例を作っています。しかしながら，結論がなかったので，聴いていた仲間から「だから」と結論を話すように促されて，「Bの方が速く印刷できる。」と話しています。

　C1，C2の考えを聴いたC3は，少し間をおいてから発言しました。このC3の発言は前の2人とは異なり，具体的な数値情報はありませんが，1分間の枚数の大小でどちらの仕事の速さが速いかを決定できることを伝えようとしています。このC3の発言は仕事の速さの判断の一般的な根拠となりえるものなので，教師はここで「C3さんの言いたいこと，言えるってこと大事だよ。」とクラスに問い返します。これは共感的な聴き方の指導になります。しばらくすると，C4が簡潔に「同じ時間内に多く印刷できる方が速く印刷できる。」と一般的な表現に高めてわかりやすく話してくれました。

　教師はここまでの4人の発言を振り返り，それぞれのよさを伝えたうえで，C4が話したことをクラス全員に想起させ，「同じ時間なら枚数が多い方が速い。」を繰り返し言わせて，板書し，根拠1を明示しました。

同じように，同じ枚数なら時間が短い方が速いという根拠2もC5，C6のつながれた発言で作られました。
　このように例を作る相談と全体の話し合いで，具体的な例が子どもから出されてクラスで2つの見通しを共有できたことになります。

❸子ども主体の話し合いを促進する働きかけをする ポイント3

　前述の見通しをつくる場面における話し合いで，教師は子どもの話し合いを活性化させるための働きかけを行っています。
　聴き方の指導に関わる声かけとして，「受け止めよう。」「C3さんの言いたいこと，言えるってことは大事だよ。」「C4さんは何と言った？」があります。
　子どもたちの発言のよさを「ほめる」声かけが，「具体的に数を使って例を作ることは大事です。まとめたのがC3さん。」です。

❹グループ学習を取り入れる ポイント4

　算数授業では，これまで問題把握（全体）⇒自力解決（個人）⇒話し合い（全体）⇒まとめ（全体）⇒練習（個人）というような授業展開が多く行われています。全体の話し合い場面も協働的学びの場ですが，対話的学びを深めるために，算数授業でグループ学習を取り入れることは大切です。協働的学びを経験することでしかチーム力をつけることができないからです。
　この授業では，全体で問題解決の根拠が2つ整理できたところで，教師が問題の数値情報を提示しました。その後，この問題を5分間，1枚のホワイトボードに解決しまとめるように指示が出されました。
　グループ学習後のグループの考えの取り上げ方も単純ではありませんが，基本的な扱い方を知っておくことは有益です。

話し合ってグループの考えを作る

①取り上げ方の基本

1　事前に予想し，授業中にチェックする
・どんな解法に分類できるかをあらかじめ予想しておき，実際の授業の中でもグループ学習の様子を観察して，取り上げる解法が見られるかをチェックします。
・この授業では，時間でそろえる，枚数でそろえる　の2つの考え方が予想できます。そのうえで，どちらもさらにどんな時間，どんな枚数にそろえるかで多様な解法が生まれます。

2　実際の解法を見て取り上げ方を考える
・本時は8つの班のうち，7つの班が正解，1つの班（G1）が間違っていました。
・正解した7つの班の解法は，1時間でそろえる（G5，G6，G7），1分間でそろえる（G2，G4，G8，G3）でした。
・正解できなかった班（G1）は5分でそろえようとしました。

3　実際の取り上げ方
・1時間と1分間でそろえた班の解法は見合うことで済ませます。

・G1の考えを読み取って修正を全体で行います。
・枚数をそろえる方法がないので,これを個人で取り組ませます。

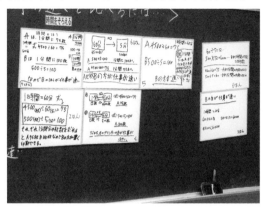

グループの考えが黒板に出される

②話し合いの進め方の基本

1　仲間分けを行う
　「どんな仲間分けできそう?」と問います。これも仲間分けをすること自体,子ども自身で自発的に行えるように指導しておくことがよいです。
　一斉に全部出す場合とそうでない場合があります。順次出す場合,まずはどんな仲間分けができそうかを問い,時間,枚数が出たら,教師が「時間でそろえたところから出してください。」と指示すると黒板上には時間でそろえた班の解法がそろいます。
2　視点を与えて眺めさせ,フリートークする
　7つの班のホワイトボードを眺めて比べさせます。この時,「考え正しいかな?　直した方がいい班ある?　質問したいことある?」「よい表現の班ある?」「表し方で不十分な班はない?」などと問い,見る視点を与えます。もちろん,これも子ども自らもてるように指導します。
　この授業では,以下のような指摘がフリートークの中で出ました。

・G3の不等号の使用
・G7が見やすい
・G2は言葉で説明している
・G4は関係図がかいてある
・G5は根拠が書いてある

3　グループ解決の主な解法について取り上げ，どんな考えかを確かめる
　教師の発問「5つの班は何でそろえている？」によって「1分間あたり」でそろえていること，また「8班，3班は何でそろえている？」によって「1時間あたり」でそろえていることを確認しました。その後，表現方法として「同じ時間なら枚数が多い方が速いからBの方が速い。」と書けると根拠が書かれてよいことを指導しました。

4　クラス全体で間違いを直す
　1班（G1）は誤っていました。これを取り上げて，クラス全体で修正する活動が考えられます。
　「1班のやりたいことは？　読みましょう。」と1班のホワイトボードを見せて，どんな考え方をしようとしていたのかを相談30秒を入れながら考えさせます。
　他の班から5分間でそろえようとしたことが指摘されます。5分間でそろえる1班の解法の修正をクラス全体で行います。ここではどうすればよかったのかがまだわからない1班に説明を求めずに，1班の考えをクラス全体で読み取って，相談させました。ここで1班が自分たちの間違いに気づけば説明させることができます。誤ったグループに何もしないで発表だけさせることはしないという点は重要です。

5　枚数でそろえる解き方を個人で考える
　グループの解法に，枚数をそろえる方法がなかったので，4500枚と500枚，何枚でそろえるのが簡単かを問い，4500枚と500枚のどちらでそろえると簡単かを考えさせてから，教師が「4500枚でやってみましょう。」と方向づけをしました。2分間の個人学習の時間をとりました。

黒板で発表させると,「4500÷500＝9　5×9＝45，Aは1時間，60分，Bは45分なので，Bの方が速い。」と説明しました。この説明に対して，教師が「根拠を使ってつなげます。」と詳しくつなげるように促したところ,「同じ枚数なら時間が短い方が速いので，Bの方が速い。」と根拠をもとに判断する説明が明確に示されました。これは導入で根拠を板書したことや教師がつなげるように促したことがこの発言を生み出しています。そして「こんなふうに言えると素敵です。」とほめて，価値づけています。

❺子どもが自らまとめを作る指導をする ポイント6

　この授業では問題1の話し合いの後に，次のようなまとめを作る場面が見られました。まとめを考えるグループ相談が指示されました。

　　T　眺めて共通することある？　習ったどんな考え使っていますか？
（30秒相談）
　C3　仕事の速さを比べるには，AとBを1分間なら1分間，5分間なら5分間，枚数なら枚数をそろえて比べると答えが出せます。
　　T　つなげるよ。
　　　　5年生で習った似たようなことない？
　C4　速さを比べる時は片方をそろえるとわかる。
　　T　片方にそろえること習わなかった？
　　C　単位量あたり
　　C　1あたり
　　T　学習は前習ったことでつなげられるよ。単位量あたりの考えです。
　板書　単位量あたり
　　　　「仕事の速さを比べるには，単位量あたりの考えを使って，一方をそろえるとよい。」

問題1の学習の足跡である板書を眺めて，共通点，既習のどんな考えを用いているかを考えさせることからまとめる活動が始まっています。30秒相談させて，子どもどうしが協働的にまとめを作るように促しています。Ｃ3は時間も枚数もいろいろにそろえることができると包括的にまとめを話しています。教師は既習の単位量あたりの大きさの考えを引き出すために，「つなげるよ。」「5年生で習った似たようなことない？」と声かけしています。
　Ｃ4は「速さを比べる時は片方をそろえるとわかる。」と話し，そのことを再度子どもにたずねて，「単位量あたり」「1あたり」という言葉を引き出しています。
　子どもにまとめを考えさせて，それをクラスで出し合いながら子どもといっしょにまとめを作ることが大切です。

❻問題解決後の自発的な確かめ合いを指導する ポイント5

　自力解決後にお隣さんどうしで確かめ合うことができるクラスでは，もし答えが異なっていれば2人の間で「どうして答えが違うのかな？」「どちらが正しいのかな？」など自分事としての問題が生まれ，自発的に算数トークを始めます。他方，黙って一切かかわらずに待っているペアも見られます。どちらが学ぶ姿勢として望ましいでしょうか？　学習過程において他者と自然に交流することが大切で，不注意なミスも指摘されて気づくことができます。また相手の考えをもらって見方を広げることもできます。
　この授業では，問題2は自動車工場の車の生産情報が示されて，どの工場の仕事が速いのかを問うものでした。「Ａ　1時間　60台，Ｂ　10分　12台，Ｃ　16分　24台」が出されました。
　グループ隊形で個人学習5分間を行った後に，グループ内で解法の交流がされました。グループ隊形での個人学習（自力解決）はグループ内で仲間と自発的に確かめ合える環境です。また途中で不安になったり，わからなくなったりした時にすぐに相談できます。このような学習環境のもとで，自発的

に確かめ合うことを指導します。

❼主体的な学びのための振り返りの指導をする ポイント7

　振り返りは1時間の学習でどんなことを学び，どんな進歩があったのかを子ども一人一人が自覚する場面です。そのためには振り返りの視点を指導し，その視点のもとで振り返りをさせるとよいです。算数授業では問題は1問ではなく，2問，3問扱うことが多いです。それにもかかわらず，問題間の関連を考えて振り返ることは少ないのではないでしょうか。

　この授業では，問題2の後に「同じ時間なら台数が多い方が速い。同じ台数なら時間が短い方が速い。」と問題1のようにまとめました。そのうえで，問題1の情報に教師から「C　7分　644枚」が追加されて，何でそろえるといいかが問われました。つまり，問題2では，3つの工場を比べるのに1あたりでそろえることが簡単であることを学んだ子どもに，問題1に立ち返って，もし3台のプリンターを比べる場合，何でそろえたらいいかを考えさせようとしたのです。すぐさま「1分」と子どもは答えました。与えられた情報を見て，何でそろえるかが大切であることに気づかせたいというねらいがあったのです。

　このような問題条件の変更を経験させることで，自ら発展的な問題を作り，「今日学んだ方法が使えるかな？」「どんな場合に使えるかな？」を考えるようになります。

2 主体的・協働的な学びを育てる話し合いの授業

2年　逆思考文章題

　2年「かくれた数はいくつ」（第4時）の授業です。学び合いの指導を始めたスタートの授業として，子どもが聴いて考えてつないで自分たちの考えを高めていく姿とその時の教師の働きかけについて見ていきます。

❶ねらいと問題

　本時（第4時）のねらいは，線分図をかいて逆思考文章題を解くことができることです。そのために，第1時，第2時では線分図のかき方の指導を3ステップの図のかき方指導を行って，線分図をかけるようにしておきます。

| 問題1　子どもがあそんでいました。そのうち13人が帰ったので，18人になりました。はじめは何人いましたか。 |
| 問題2　あめをもっています。そのうち5こ食べたので，のこりは13こになりました。はじめは何こありましたか。 |

❷授業展開

授業展開	指導のポイント
1．問題（条件文）を読み聞かせ，問いを考える。	・挿絵を見せる。
2．課題をつくる。〈はじめはいくつ？〉	・第3時とのちがいに注目させる。
3．どんなテープ図になるか，見通しを話し合う。	
4．個人でテープ図をかいて式を作り，ペアで確認する。	・ワークシートを使う。 ・つなげてよりよい説明ができるよ

5．解法を話し合う。 6．問題2を個人で考え，ペアで伝え合う。 7．解法を話し合う。 8．学習を振り返り，まとめる。	うにする。 ・部分―全体の構造でまとめる。

❸本時の板書

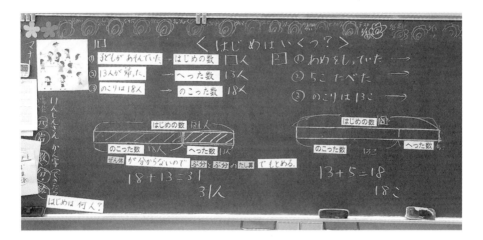

❹ワークシートの工夫

①情報整理の活動：問題情報

「はじめの数□人」「へった数13人」「のこった数18人」を書き出す。

②テープ図をかく：テープ図の枠のみ与えられている。

③演算決定の理由：「ぶ分　ぜん体　がわからないので，たしざん　ひきざん　でもとめる。」が印刷されていて，○で囲む形式。

④式と答えを書く：テープ図を見て式を作り，答えを書く。

1　子どもが　あそんで　いました。
　　そのうち　13人が　帰ったので，
　　18人に　なりました。
　　はじめは　何人　いましたか。

①子どもがあそんでいた→
②13人が帰った　　　→
③のこりは18人　　　→

…… 情報の整理

☆テープ図にかいてみよう。

…… テープ図をかく

★　ぶ分　ぜん体　がわからないので，
　　たしざん　ひきざん　でもとめる。

…… 演算の理由を書く

しき

　　　　　　こたえ

…… 式，答えを書く

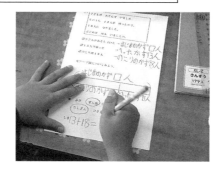

❺子どもがつないで学び合い深め合うプロセス

　この授業実践の問題１の話し合いでは１つのペアのテープ図の発表から始まりその図を使った説明の中で「図はひき算式はたし算」という発言に聴き手の「どういう意味？」の反応から演算決定の理由の説明を子どもがつないで伝え合うことで「減った数と残った数をあわせるとはじめの数」や「はじめの数は残った数に減った数を巻き戻して連れて来る」などの発言が生まれます。その後部分―全体の説明を教師が求めることで本時は全体がわからないからたし算で答えを求めたこと，前時までは部分を求めるためにひき算で答えを求めたことが統合的に理解されました。これらの考えの高まりを図にしました。四角が教師の働きかけ楕円が聴き手の反応です。

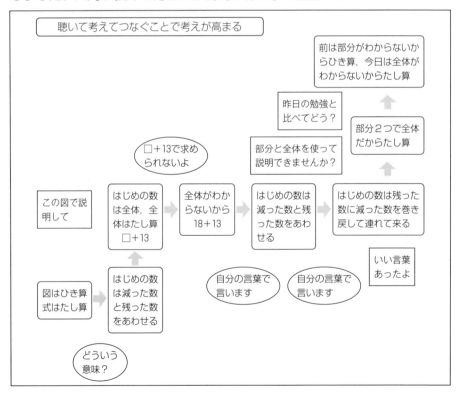

❻授業記録から学び合いの授業づくりのコツを学ぼう

①問題を把握し，課題をつくる

T	昨日まで勉強したテープ図を貼っておくからお助けにしてね。昨日の勉強とのちがいがまたわかりますよ。①
	今日の問題はこれです。（挿絵を貼る）どんなお話だろう。
	今日も頭の中に写してください。何を写すかというと？
C	問題
T	問題写すのは１つです。もう１つはテープ図を頭にかきながら聞いてください。今日のテープ図はどんなのかな。聞いてください。②「子どもが遊んでいました。そのうち13人が帰ったので，18人になりました。」
C１	子どもが遊んでいて13人が帰って，残りは18人になりました。
板書	子どもがあそんでいた
	13人が帰った
	のこりは18人
T	読みましょう。
C	（読む）
T	C１さんよく聴いていたよ。③
	そうすると，何をしたらいいの？
	おたずねを言います。④
C	おたずねを言います。
T	相談しましょう。（30秒）⑤
	全員手が挙がりました。こうやってやれば楽しくできるよ。⑥
	この子はちゃんと支えていたよ。⑦
C２	おたずねは，はじめは何人ですかだと思います。
C	同じです。

＊このクラスの黒板の前には教卓がなく，学び合いの空間が確保されています。 コツ1 ＊

① 第1時から第3時までのテープ図が教室の壁に貼ってあります。教師は前時までのテープ図を参照することを指示して授業が始まります。授業の導入時に本時の学習と前時の学習のちがいに気をつけるように指示し，振り返りの指導をしています。 コツ6

② 問題を読み聞かせて問題把握させます。これにより子どもが集中してイメージしながら問題把握できます。さらに，どんなテープ図ができそうかも考えながら聴くように指示しています。 コツ7

挿絵を見せて問題を読み聞かせる

問題の情報を整理する

③ C1の聴き方をほめています。 コツ5
④ 問いを自分たちから言うことを指導しています。 コツ4
⑤ 問いを考える場面で，全員が取り残されずに進むために「相談しましょう。」と30秒，近くの子どもどうしで確認させています。 コツ3
⑥ みんなで前に進む授業ができたことをほめています。 コツ4
⑦ 友達を支えて，自分の考えを説明している子どもの姿をクラスに伝え，聴き合ってわかるようになればいいことを広めています。 コツ4

＊本書 pp.82-103のコツ1〜コツ10に対応しています。

②課題づくりと見通しの相談

```
    T  はじめは何人ですか。ですね。それでは今日の課題は？
    C  はじめは何人かを考えよう。
    T  はじめは何人でいい？
    C  はじめはいくつ？
    T  人間とはかぎらないよ。はじめはいくつにするよ。
 C3   先生，昨日の課題と同じだよ。
    T  C3さん何か気づいたんだね。みんな聴いてる？⑧
 C3   昨日の課題と同じだと思います。
    C  わかりました。
    T  どうしたら同じだとわかったの？
    C  ノートの前のページをもどってみたから。
    T  もどると，勉強の足跡，残ってるね。同じ勉強するのかな？
    T  はじめはいくつと書きましょう。先生より早く書いて。
 板書  はじめはいくつ？
    T  同じなんだろうか？　どんなテープ図ができるかな？⑨
    C  どんなテープ図かを言います。
    T  昨日とのちがいを言ってくれるとうれしいな。
    C  昨日とのちがいを言います。
    T  （MちゃんがOさんに教えている姿を見つけて）Mちゃん見て。
       Oさんに，ここ（掲示された第1時，第2時，第3時のテープ
       図）見ながら「こうでしょ」と友達に言っているよ。⑩
（間をとる　自発的相談）
    T  Mちゃんよかったね。わかってもらえて。
    C  昨日とのちがいを言います。
```

⑧ 子どものつぶやきを拾い，クラスに伝えるように促しています。**コツ5**

C3が今日の課題が「はじめは何人」なら，それは昨日の課題と同じであることに気づいたようでした。子どものつぶやき「先生，昨日の課題と同じだよ。」を拾い，正式にクラスに伝えて，ノートが学びの足跡であることを指導しています。

⑨ 視点を与えて見通しを話し合わせます。**コツ8**

「同じなんだろうか？ どんなテープ図ができるかな？」に続けて「昨日とのちがいを言ってくれるとうれしいな。」と教師が方向づけて子どもが見通しを考え，話し合うよう働きかけました。すると，「昨日とのちがいを言います。」と子どもが，前時のテープ図とのちがいに注目した話し合いが始まります。

⑩ 見通しをみんながもてるように，自発的相談を促しています。**コツ3**

見通しをもてないで困っているOさんに，Mさんが教室の掲示されている第1時から第3時までのテープ図を見ながら説明している姿を見つけて，「Mちゃん見て。Oさんに，ここ見ながら「こうでしょ。」と友達に言っているよ。」とこの姿をクラス全体に伝えることで，あちらこちらで自発的相談が始まりました。教師はこれを見とり，しばらく間をとって待っています。

どんなテープ図になるかを話し合う

③見通しを話し合う

C3 どこが違うかというと,昨日はテープ図で増えた数だけど,今日は帰ったので,減った数だと思う。

T <u>同じでももう一度言います。</u>⑪

C1 昨日は(テープ図を指して)はじめの数がここからここでした。でも今日は前勉強したはじめの数が全部の数になって,減った数と同じことをすればいい。

C 付け足します。

T <u>前のテープ図の勉強使っているよ。</u>⑫
よく見てね。

C4 今日は一番最初に勉強した(第1時)はじめの数と今日勉強する帰ったとか減るとかなくなった数なので,これは,はじめの数から区切ってやって,今日も減ったり帰ったりしたので,区切ってやるから区切ってテープ図を作るので,ひき算だと思います。

C わかりました。

T 何を言いたかったのかな。<u>区切るんだね。1時間目にやったのと減ったから似ているよと言っています。</u>

C1 言い直します。

T <u>みんな見てるかな。</u>⑬

C1 今日は(答えを出すのに)前の減った数のひき算じゃなくて,今日はたし算だと思います。

C えー。

T <u>ひき算かもしれない。たし算かもしれない。式はわからないよね。</u>⑭でも今,テープ図は昨日と違うんじゃないかなということですね。なぜなら,昨日は増えた数だったけど,今日は帰ったとか減った数だと言っていたね。昨日とのちがいが出てきました。

124

⑪　発言をつなげることを促しています。 コツ8

前時までのテープ図とのちがいを話す

⑫　つながった発言を教師が繰り返し，全体に広げています。 コツ8

　Ｃ３が「どこが違うかいうと，昨日はテープ図で増えた数だけど，今日は帰ったので，減った数だと思う。」と問題場面が減少であることを話すと，教師が「同じでももう一度言います。」とつなげることを促しました。すると，Ｃ１がはじめの数が全体になっていること，Ｃ４が減少場面だからテープ図は中を区切ればよいこと，答えはひき算で求めること，Ｃ１がＣ４の答えがひき算ではなくたし算で求められることをつなげて話していました。

　このように発言がつながるのは，仲間の発言を聴いて考えているからです。

⑬　Ｃ１の発言をしっかり聴くように働きかけています。 コツ5

⑭　演算決定について結論を出さずに，ゆさぶります。 コツ8

　Ｃ１がたし算で求められると話すと「えー。」というつぶやきが聞こえました。そこで，教師は「ひき算かもしれない。たし算かもしれない。式はわからないよね。」とゆさぶって，テープ図をかいて演算を決めるように指示して個人学習へ進めています。見通しの話し合いから追究課題「たし算かな？　ひき算かな？」が生まれました。

④個人学習後の問題1の話し合い

　個人学習後に1組のペアに黒板にテープ図をかいてもらい，説明させた⑮後のやり取りです。

T	上手だったよ。誰かもう1回説明して。⑯
C5	はじめの数□人とかきます。減った数は13人です。それで残った数は18人です。それでテープ図がひき算になります。でも（答えを求める）式はたし算です。
C3	どういう意味？
T	とても大事。⑰
C5	13－18はできません。だからたし算でいいと思います。
T	できないからたし算で考えます。どうですか。
C5	もう一度言います。残った数と減った数をあわせるとはじめの数になります。
T	残った数＋減った数＝はじめの数になります。これはいいですか？　この図で説明して。⑱
C4	はじめの数がわからないからはじめの数は全体なので，全体はたし算なので，全体の数□人＋減った数13人だと思う。
T	□＋13なのですか？
C6	□人は数字がわからないから＋13してもわかりません。
T	とても大事なところです。⑲
C1	これは18＋13だと思います。
T	なぜなら
C1	なぜなら，C4さんが言ったとおりはじめの数は全体だからです。
T	はじめの数は全体だからこれを知るために18＋13をすると，全体になりませんか。
C	なる。　板書　13＋18

⑮ 1組のペアに黒板でテープ図をかかせるだけにしています。 コツ9

このテープ図を使って，説明を繰り返しながら，よりよい説明に高める話し合いを進めます。

⑯ 繰り返し説明するように促すことで，説明が詳しくなります。 コツ8

ペア1が黒板でテープ図をかいた後に，教師が「誰かもう1回説明して。」と繰り返して説明するよう促しました。説明を繰り返すことは，よりよい説明に高めるきっかけになります。これに応えて，C5が「テープ図がひき算で，式はたし算」と付け加えの説明をしました。この付け加えに対して，C3が「どういう意味？」と疑問を伝えると，C5は「答えを求めるためには残った数と減った数をあわせればはじめの数になるから」と答えています。

⑰ C3の考えながら聴いて質問している姿をほめています。 コツ5

⑱ C5の発言を繰り返した後に，再度「この図で説明して。」と説明することを促します。 コツ8

C4の説明には，はじめの数が全体，全体を求めるにはたし算が理由として付け加えられました。しかし式が誤っていたので，教師が「□＋13なのですか？」と問い返すと，C6がその式では答えが出せないと指摘しています。

⑲ 学び合いのヤマ場であることを知らせて，子どもを励ましています。

コツ8

C6の指摘に，C1が「これは18＋13だと思います。」と修正しました。続いて，C1は「C4さんが言ったとおりはじめの数は全体だからです。」とC4さんの説明を活かして，式の理由を説明しています。立式の説明に「全体を求めるからたし算」という言葉が入り，よりよい説明に近づいています。

C 　自分の言葉で言います。
C7　私ははじめの数が今わからないから，残った数と減った数でたし算をすればはじめの数がわかると思います。
C3　自分の言い方で言います。
T 　聴いていたからできるんだよ。⑳
C3　18＋13だと思います。なぜならはじめの数がわかりません。残った数は18人です。減った数を巻き戻して，ここに連れて来ればいいと思います。㉑
C 　わかりました。
T 　何て言った？　もう一度言えますか？　いい言葉で言ったよ。㉒
C3　巻き戻してここに連れて来ればいいと思う。
C 　わかりました。
C 　他にもあります。
T 　巻き戻して連れて来るのわかるね。
　　素敵な自分の言葉でちゃんと言えたね。㉓
T 　部分と全体を使って説明できませんか。㉔
C8　先生は部分2つで全体になると言いました。だから今日はわからないのは全体です。全体がわからないので，たし算で求めるんだと思います。

⑳　聴き方をほめています。**コツ5**
㉑　自分の言葉で語り出し，実感的理解を話す子どもがいます。
　今度はC6が自らC5の説明を繰り返しています。その後，C3が「自分の言い方で言います。」と，自発的に発言しようとしたのを教師が「聴いていたからできるんだよ。」とほめて，C3が「18＋13だと思います。なぜならはじめの数がわかりません。残った数は18人です。減った数を巻き戻して，ここに連れて来ればいいと思います。」とつなげました。この発言は自分なりに納得のいく説明をC3が考え，減った子どもをもとに戻せば最初の状態になるから「巻き戻して」という表現を用いたのです。
㉒　いい表現を捉えて，聴き方指導をします。**コツ5**
　C3の発言のよさを感じた教師は「何て言った？　もう一度言えますか？いい言葉で言ったよ。」とクラス全体に問い返し，C3にもう一度言わせています。
　いい表現を拾って，繰り返して言わせることも大切な働きかけです。聴き方指導にもなります。
㉓　C3がそこまでの話し合いを聴いて考えて気づいた実感的な理解を自分の言葉「巻き戻す」で表現したことをほめています。**コツ8**
㉔　方向づけた説明を求めます。
　C3の「巻き戻して連れて来ればいい」という発言の後に，教師は「部分と全体を使って説明できませんか。」とたずねています。これは制約条件のある説明を求める働きかけです。なぜなら，C4，C1が全体だからたし算と説明しましたが，完全な説明ではなかったからです。
　そこで，ここで，部分―全体の説明をするように方向づけることは教師がすべきことになります。

T	部分と部分で全体，今全体がわからないから部分と部分をあわせないといけないよ。㉕
板書	全体がわからないので，部分と部分のたし算で求める
T	読みましょう。
C	全体がわからないので，部分と部分のたし算で求める。
T	答えを言います。
C9	31人です。
T	昨日の勉強と比べて，どうだった？㉖
C	部分がわからないからひき算
T	今日は？
C	全体になって
C	先生，全体を求めるのは初めてだ。
T	何か言いたいの？
C1	今日は全体がわからなかったけど，前は部分がわからなくてひき算をしたのに，全体がわからなかったらたし算で求めるんだと思います。㉗
T	いいこと言ったね。㉘
	（第1時から第3時のテープ図を指して）1時間目は部分だから何算？
C	ひき算
T	ここは（第2時）部分だから
C	ひき算
T	こっちも（第3時）部分だから
C	ひき算
T	でも今日ははじめの数が全体だから，はじめてたし算になったね。

㉕　子どもによる説明の後に教師が子どもの言葉を繰り返して説明します。
　Ｃ７の説明を受けて，教師が「全体がわからないので，部分と部分のたし算で求める」を板書してまとめました。子どもの言葉を介したまとめです。
㉖　前時の学習と比べさせます。**コツ9**
　「昨日の勉強と比べて，どうだった？」と教師がたずねて，子どもから「部分がわからないからひき算」，今日は「全体」「全体を求めるのは初めてだ」といったつぶやきが出されました。そのうちに，Ｃ１が「今日は全体がわからなかった，今までは部分がわからなくてひき算をしたが，今日は全体がわからなくてたし算をした」と発言しました。
㉗　統合的な見方をしたＣ１を見取り，発言させます。**コツ8**
　Ｃ１が何かに気づいた様子であることに教師が気づいて，発言するよう求めました。子どもの表情を見取ることは大切です。Ｃ１は第１時から第３時までが全て部分を求めるからひき算で，本時（第４時）は全体を求めるからたし算でよかったというように振り返って自分の言葉でまとめています。
㉘　第１時から第４時までの問題のちがいをテープ図を使って振り返るＣ１をほめています。**コツ6**
　Ｃ１の発言をほめて，教師が第３時までのテープ図と本時のテープ図を見せて，Ｃ１の言ったことを確認して問題１の学習を終えました。

⑤問題2を個人で考え，話し合う

問題2が提示されて，個人学習でワークシートに3分間で取り組ませた後の話し合い場面です。

ペア	はじめにあめをもっています。はじめの数はわからないので□個です。次に5個食べたので，区切って食べた数はわかるので5個とかきます。残りはわかるので，13個とかきます。それで13個と5個をたすと18個になるので，答えは18個だと思う。㉙
C9	さっき残った数と減った数をたしました。だから今も残った数と減った数をたして13＋5＝18になりました。
T	全体と部分を使って説明できる人？㉚
C10	さっきやった問題のように全体がわからないので，だから部分と部分を巻き戻してあわせて13＋5＝18になります。あと，この図（問題1）とこの図（問題2）は同じです。やり方も同じです。
T	問題1の図まで使ってくれてありがとう。上手だったよ。㉛ みんなで言いましょう。
C	全体がわからないので，部分と部分のたし算で求める。
T	最後にC1さんの言ったこと覚えている？ 同じこと言える人？
(3分の1挙手)	
T	これを4時間のまとめとするよ。まとめしっかりね。㉜ 部分と全体を使って，今までは何がわからなかった？
C7	今までは全部，部分がわからなくてひき算で求めましたが，今日は全体がわからないので，部分と部分をたし算して求めました。今日は全体がわからなかったけど，前までは全体と減った数，増えた数，はじめの数で，全部，部分（を求める）だったけど，今日は全体がわからないことがわかりました。

㉙ 問題2のテープ図表現の説明が書いた手順を言葉でうまく説明できています。

　これは，１時間目から４時間目までワークシートを使って，全員にテープ図のかき方の指導を行ったことで，説明力が向上したのではないでしょうか。

㉚ 教師から部分・全体を使った説明でつなげるよう促します。 **コツ8**

　Ｃ９は「さっきやった問題のように全体がわからないので，部分と部分を巻き戻してあわせて13＋5＝18になります」と類推的な考え方で式の説明をしています。注目すべきは「巻き戻して」という言葉をＣ９が用いていることです。これはこの言葉が子どもに演算決定の根拠を説明するのにうまい言葉であると取り込まれ，実感的理解がクラスに広がっているからでしょう。

㉛ Ｃ10が黒板の図を使って説明していることをほめています。 **コツ4**

㉜ 本時のまとめや単元の振り返りにつながる子どもの発言を思い出すように働きかけてまとめを子どもの言葉で作っています。 **コツ10**

　まとめを作る場面で，「Ｃ１さんの言ったこと覚えている？」という教師の発問は，授業を子どもが頭の中で記録しながら学習できているかを試す問いです。Ｃ１が問題１の振り返りで，前時までの問題とのちがいを部分・全体で説明しましたが，この説明のよさを共感的に理解できた子どもは覚えていることでしょう。実際は３分の１が挙手しました。

　子ども自らまとめを教師の「Ｃ１さんの言ったこと覚えている？」という考えるきっかけで作ることを意図しています。

おわりに

　アクティブ・ラーニングを目指した授業改善が話題となっています。とはいえ，今まで行ってきた授業と大きく変わるものではないと言われたり，教師自身にアクティブ・ラーニングが必要だと言われたりすることもあります。
　私たちはこれまで，どのように問題と出合ったら課題発見につながるのか，どんな指導をしていったら子どもたちが主体的に問題解決しようとするのか，どんな活動を仕組むと協働的に学ぶ力がつくのか，など試行錯誤してきました。これを機に，今まで行ってきた授業を見直し整理してみて，アクティブ・ラーニングが話題に上がる前から，子どもたちが主体的・協働的に学ぶ授業を目指していたことに改めて気づきました。子どもたちが生き生きと問題に取り組み，クラスの仲間と学び合っていく学習過程そのものが，アクティブ・ラーニングによる算数授業と言えるのだと思います。
　この本には，アクティブ・ラーニングを目指すために心がけていくことや授業改善のポイントが示されています。いくつかの授業例をもとに分析した結果，子どもたちの能動的な学びを引き出すコツが見えてきました。
　多くの教師の皆様にこの本を読んでいただき，子どもたちの主体性を引き出し協働的に問題解決する態度を育んでいただけたら嬉しいです。

2016年9月

神田恵子

【著者紹介】
石田　淳一（いしだ　じゅんいち）
京都大学教育学部卒，筑波大学大学院教育研究科修了，同教育学研究科退学後，愛知教育大学助教授，筑波大学講師を経て，現在横浜国立大学教育人間科学部教授。学術博士。2002年度英国オックスフォード・ブルックス大にて在外研究。全国各地の小学校で指導講演を行っている。
主著『伝え合い学び合う「足場」のある算数授業』，『読み取り表す力を育てる「足場」のある算数授業』，『話し合う力がぐんぐん育つ！算数シナリオ＆授業記録活用法』，『子どももクラスも変わる！「学び合い」のある算数授業』，『「学び合い」で学級力＆算数力アップ！　小数・分数のかけ算・わり算の授業』，『「学び合い」で必ず成功する！　小学校算数「割合」の授業』，『聴く・考える・つなぐ力を育てる！「学び合い」の質を高める算数授業』，『「学び合い」を楽しみ深める！グループ学習を取り入れた算数授業』などがある。（いずれも明治図書）

神田　恵子（かんだ　けいこ）
石川県小松市立第一小学校指導教諭，苗代小学校指導教諭，能美市立辰口中央小学校教頭，小松市立第一小学校教頭を経て，現在小松市立矢田野小学校校長。
平成19年度石川県優秀教員表彰を受賞，平成24年度新算研教育研究賞「最優秀賞」を「見通しをもち筋道立てて考え，表現する力を育てる指導の工夫～5年『面積』単元において～」で受賞する。日本数学教育学会誌や科学教育研究に実践研究論文を多数発表している。

〔本文イラスト〕木村　美穂

「学び合い」の授業づくり入門
深い学びを実現する！
「学び合い」の算数授業アクティブ・ラーニング

2016年11月初版第1刷刊　Ⓒ著　者　石田淳一・神田恵子
　　　　　　　　　　　発行者　藤　原　光　政
　　　　　　　　　　　発行所　明治図書出版株式会社
　　　　　　　　　　　　　　　http://www.meijitosho.co.jp
　　　　　　　　　　（企画）木山麻衣子（校正）有海有理
〒114-0023　東京都北区滝野川7-46-1
振替00160-5-151318　電話03(5907)6702
ご注文窓口　電話03(5907)6668

＊検印省略　　　　　組版所　株式会社カシヨ

本書の無断コピーは，著作権・出版権にふれます。ご注意ください。

Printed in Japan　　　　　　ISBN978-4-18-261418-7
もれなくクーポンがもらえる！読者アンケートはこちらから　→

明日からすぐに役立つ！学び合う算数授業づくりの入門書

子どももクラスも変わる！
「学び合い」のある算数授業

石田淳一・神田恵子 著　　本体 1,760 円＋税　図書番号：0413

子どもたちが伝え合い、学び合う算数授業をつくるためにはどうすればよいのか？「足場のある」算数授業を数多く実践してきた著者が、学び合いの授業づくりの極意をチェックポイント・指導案などとともに提案。「授業ノート」「算数日記」などの実物資料も多数掲載。

目次より

はじめに／1章　子どもが学び合う算数授業づくりの極意／2章　学び合いのある算数授業で育てたい4つの力／3章　子どもが学び合う算数授業づくりのコツ／4章　学び合いの仕方を教える算数授業の進め方／おわりに

【A5判・144頁】

「学び合い」のある算数授業はこうすればできる！

聴く・考える・つなぐ力を育てる！
「学び合い」の質を高める算数授業

石田淳一・神田恵子 著　　本体 1,700 円＋税　図書番号：1624

『学び合いのある算数授業』の続編として、思考力・表現力を育てる協同的な学び合いのあり方、学び合いのある算数授業開きの方法、子どもが学び合うための教師の働きかけや言葉がけなど、学び合いのある授業を実践するための様々な指導技術を学年別実践とともに紹介！

目次より

はじめに／1章　思考力・表現力を育てる協同的な学びとは？／2章　学び合いの質を高める算数授業づくりの極意／3章　学び合いの質を高める教師の働きかけと子どもの聴き方・つなぎ方／4章　学び合いの質を高める算数授業の実践事例／おわりに

【A5判・136頁】

グループ学習を効果的に活用し思考力・表現力を育てよう！

「学び合い」を楽しみ深める！
グループ学習を取り入れた算数授業

石田淳一・神田恵子 著　　本体 1,700 円＋税　図書番号：1818

『「学び合い」のある算数授業』シリーズ第5弾の本書では、協同的な問題解決の有力な学習形態である「グループ学習」に焦点をあて、グループ学習の5つの役割や質の4つのレベルなどの理論とともに、指導の仕方、取り入れ方などの低・中・高学年の実践例を詳しく紹介。

目次より

はじめに／1章　学び合いを楽しみ深めるグループ学習／2章　グループ学習を取り入れた算数授業づくり／3章　効果的なグループ学習の活用法／4章　グループ学習を取り入れた算数授業の実践事例／おわりに

【A5判・132頁】

明治図書　携帯・スマートフォンからは **明治図書ONLINE へ**　書籍の検索、注文ができます。▶▶▶

http://www.meijitosho.co.jp　＊併記4桁の図書番号（英数字）でHP、携帯での検索・注文が簡単に行えます。

〒114-0023　東京都北区滝野川7-46-1　ご注文窓口　TEL 03-5907-6668　FAX 050-3156-2790

＊価格は全て本体価格表示です。